Eva und Ulrich Klever

Das große GU Buch der Fondues

Rat und Rezepte für Fondues aus aller Welt

GU
Gräfe und Unzer

Die Bilder auf dem Einband zeigen, wie viele Variationsmöglichkeiten Sie bei Fondues haben. Eine der bekanntesten ist die Fondue bourguignonne (großes Foto, Rezept Seite 42).

CIP-Kurztitelaufnahme der Deutschen Bibliothek

Klever, Eva:
Das große GU Buch der Fondues: Rat u. Rezepte für Fondues aus aller Welt / Eva u. Ulrich Klever. – 3. Aufl. – München: Gräfe und Unzer, 1985.
Bis 2. Aufl. u. d. T.: Klever, Eva: Das große Buch der Fondues

ISBN 3-7742-3273-3

NE: Klever, Ulrich

3. Auflage 1985

Redaktion: Antje Schunka-Späth
Farbfotos: Fotostudio Teubner
Zeichnungen: Peter Schimmel
Einbandgestaltung: Heinz Kraxenberger
Satz und Druck des Textteils: Buch- und Offsetdruckerei Wagner GmbH
Reproduktionen: Brend'amour, Simhart & Co.
Druck der Farbtafeln und des Einbandes: Pera-Druck
Bindung: Großbuchbinderei Monheim

ISBN 3-7742-3273-3

Eva und Ulrich Klever

Eva Klever, nach Buchhandelslehre und Studium der Germanistik, arbeitete einige Jahre in dem landwirtschaftlichen Betrieb ihrer Eltern, führte dann für ihren Mann und Tochter Haushalt, Büro, Archiv und Versuchsküche. Ulrich Klever, nach Studium von Zoologie und Ernährungsphysiologie Journalist geworden, kam von der Feinschmekkerei zum Kochen. Mit naturwissenschaftlicher Gründlichkeit erarbeitete er sich dieses Gebiet und wurde, dank seiner Fähigkeit, komplizierte Dinge einfach und einfache Dinge spannend beschreiben zu können, bald zum vielbeschäftigten Kochjournalisten. Seine zahlreichen Kochbücher – vielfach prämiert von der Gastronomischen Akademie Deutschlands – wurden fast alle zu Bestsellern.
Zusammen schrieben sie schon den GU-Küchen-Ratgeber »Selber Brot backen« und die großen GU-Feinschmeckerbücher »Alles hausgemacht – in der Stadt und auf dem Lande« und »Das große GU Buch vom Brotbacken«. Zusammen haben sie auch alle ihre in Jahren gesammelten und erprobten Fondue-Erfahrungen und -Rezepte aufgeschrieben, mit dem Wunsch, die Leser mögen damit als Gastgeber ebenso erfolgreich sein wie die Autoren.

Inhalt

Inhalt

Inhalt

Fondue - geselliger Mittelpunkt

Vor rund fünfzehn Jahren überschritt die Käsefondue die Schweizer Grenzen. In der westlichen Welt brach das Fonduefieber aus. Es wurden immer neue Käsekombinationen erfunden. Dann begannen die Töpfe der Öl- und Fettfondues zu rauchen, in denen man Fleisch und später auch Fisch briet. Mit der Schlankheitswelle wurde der uralte chinesische Feuertopf zur Brühenfondue umfunktioniert, und man kochte gemeinsam am Tisch Krustentiere, Hühnerfleisch und Gemüsestückchen. Fondues waren die Favoriten aller Einladungen, und die Küchenpropheten glaubten an eine kurzlebige kulinarische Mode.
Heute gehört das Kochen am Tisch rund um den Fonduetopf zum gemütlich-genußvollen Familienbeisammensein, auf jeden Fall aber zur idealen Gästebewirtung. Zur Fondue läßt sich gut einladen, da man mit einem Minimum an Vorbereitung ein Maximum an Gastlichkeit erreichen kann. Der Tisch wird gedeckt, der Käsebrei kocht leise, die Brühe brodelt sanft oder das Fett ist heiß. Die Zutaten sind bereit, und alle, die Hausfrau eingeschlossen, sitzen um diesen Mittelpunkt und sind zwei Stunden mit Essen, Stippen, Plaudern und Trinken beschäftigt.
Damit Sie Abwechslung in Ihre Fondue-Einladungen bringen können, haben wir alle unsere eigenen Fondue-Erfahrungen aufgeschrieben. Wir haben dazu in aller Welt Rezepte gesammelt und einige auch selber erfunden. So ist wohl die vollständigste Zusammenstellung entstanden, die es auf der Welt über Fondue und fondueähnliche Gerichte gibt.
Eine Wort- und Begriffserklärung folgt im ersten Kapitel. Darüber hinaus versuchen wir, auf alle Fehler, die man machen kann, einzugehen, so daß Ihnen nie wieder eine Fondue mißlingen wird.
Sie finden weiterhin alles Wissenswerte über verschiedene Käsesorten, ihren Geschmack und ihr Fondueverhalten. Wir geben Ratschläge zu den richtigen Weinen, wir haben spezielle Brotrezepte zum Selberbacken notiert und beschreiben andere Brote. Wir stellen Ihnen sowohl Fertigsaucen wie Fonduesaucen-Rezepte vor. Und wir haben für Sie alle auf dem Markt befindlichen Brenner, Caquelons und Fonduetöpfe getestet.
Manches Neue an Ideen und Rezepten haben wir seit Erscheinen der ersten Ausgabe dieses großen Fondue-Ratgebers noch gefunden und ausprobiert, manches neue Gerät wurde inzwischen auf den Markt gebracht. Völlig neu gestaltet, aktualisiert und um vieles Interessante ergänzt, ist unser großes Buch der Fondues nun noch umfangreicher und schöner geworden. Nicht zuletzt bieten mehr als doppelt so viele brillante Farbfotos neue Anregungen für jeden Fonduefreund.
Wir glauben, daß dieses Buch alle Fragen beantworten kann, die sich Ihnen bei der Zubereitung von Fondues je stellen werden.
Zunächst aber wollen wir Ihnen erklären, warum Fondues so ein Erfolg wurden, geblieben sind und in Zukunft noch sein werden. Der Topf auf dem Tisch, in dem man gemeinsam das Essen zubereitet und aus dem man gemeinsam ißt, ist eben mehr als nur ein Essen.
Wir wünschen Ihnen dazu viel Spaß und Genuß!

Eva und Ulrich Klever

Alle Rezepte gelten, wenn es nicht anders dabeisteht, für 4 Personen.

Fondue ist ein magisches Wort

Fangen wir mit der Begriffserklärung an: In der klassischen, der französischen Küche bedeutete Fondue Geschmolzenes, da es von dem Verb *fondre* (schmelzen) abstammt. So ist die Bezeichnung »Fondue« in diesem Buch eigentlich und strenggenommen nur für die Varianten aus geschmolzenem Käse richtig. Blättert man in klassischen Kochbüchern, kann man zum Beispiel eine »Hühnerfondue« (in Cremesauce pochiertes Huhn) finden, man entdeckt aber unter der Bezeichnung Fondue auch Käsefüllungen für Torten, Kroketten oder Pfannkuchen sowie mit Käse überbackene Brote.

Das, wovon wir sprechen, ist die Käsefondue aus der Schweiz. Da Schweizer Gastronomen nach dem Zweiten Weltkrieg ein Gericht exportierten, bei dem man Fleischstücke in heißes Öl tauchte, sie am Tisch briet und mit dem gleichen Ritus wie eine Käsefondue aß, nannte man es Fondue bourguignonne, denn die Welschschweizer sind die legitimen Nachfahren der Burgunder.

Inzwischen ist der Name *Fondue* zum Gattungsbegriff für alles geworden, was man gemeinsam am Tisch aus einem Topf ißt und bei dem man Bissen in verschiedene Saucen stippt. Das behagte Puristen nicht, die – berechtigterweise – für eine Reinhaltung der Kochsprache sind. So schreibt Werner Fischer in seinem epochalen Werk »Köstlichkeiten internationaler Kochkunst« zu einem Rezept »Kalbfleischspießchen Bacchus«, bei dem hauchdünne Kalbfleischplätzchen aus der Nuß zusammen mit Shrimps an Holzspießchen in einem Weinsud aus guter Hühnerbrühe gegart werden und das im allgemeinen gastronomischen Sprachgebrauch Fondue chinoise heißt: »Ich wehre mich gegen die Bezeichnung Fondue und sehe darin nur eine Modeneuheit unserer werbetüchtigen und schlagwortsüchtigen Zeit. Eine Fondue ist etwas Geschmolzenes oder, wenn Sie wollen, etwas Emulgiertes. Im internationalen Gebrauch ist geschmolzener Käse das wichtigste Grundmaterial, ob es in einem Caquelon serviert, in kleine Pastetchen gefüllt oder mancherlei Unterlagen auf Toast damit übergossen, in all diesen Fällen ist es eine Fondue.«

Damit wir uns recht verstehen: wir entschieden uns fürs Modische. In diesem Buch finden Sie möglichst viele Rezepte für Gerichte, die man aus einem Topf ißt. Wir haben aber außerdem versucht, Ihnen bei jeder Gruppe auch das ursprüngliche Gericht vorzustellen, das dann in eine Fondue verwandelt wurde.

Das oder Die – eine kleine sprachliche Einblendung

Die Schweizer sagen *das* Fondue, aber sie sagen auch *die* Foto. Über den Artikel sind sich selbst Welsch- und Deutschschweizer nicht einig: Es gehört zu den eidgenössischen Neckereien, sich über *das* und *die* zu streiten. Die französischsprechenden Schweizer (die *la* Fondue erfunden haben) halten den deutschsprechenden vor, sie hätten aus der weiblichen Fondue unberechtigterweise ein sächliches Fondue gemacht, worauf die Deutschschweizer zurückgeben, weltberühmt sei erst *das* Fondue geworden. Wir stellen es Ihnen anheim, welches Geschlechtswort Sie verwenden wollen. Wir haben uns für weiblich entschieden – eine so hübsche Sache kann nicht sächlich sein!

Ein bißchen Fondueforschung

Gemeinsam aus dem Topf haben unsere Vorfahren vieles gegessen, deshalb kann man der Fondue eine altehrwürdige Geschichte andichten. Da gibt es den einsamen Senn, dem es leid wurde, Tag für Tag Käse und Brot scheibenweise zu essen: er schmolz den Käse und brockte das Brot hinein. Dann die Aschenbrödel-Version: Armes Mädchen läßt Käse auf den Herd fallen, Käse schmilzt, sie tunkt ihn mit einem Stück Brot weg, der Herrschaftssohn findet das so köstlich, daß er sie heiratet. Ferner die Geschichte mit der »Kappeler Milchsuppe«, die Christian Fürchtegott Gellert, der sächsische Lehrer und erbauliche Dichter, mit »Wir wollen auf den Streit auch lustig sein, wir essen eine Milch« besang.
Es war während der Reformationskriege, als das reformierte Zürich wider die katholischen Kantone kämpfte. Die Heere lagen sich gegenüber und – wie so oft in Kriegen – die Verpflegung klappte nicht. Da – und nun zitieren wir einen Schweizer Historiker: »Da nahmen viele tapfere Gesellen aus den fünf Orten (katholisch) eine große Mutte (Holztopf) mit Milch und stellten sie auf die Grenze in der Mitte und schrien den Zürchern zu, sie hätten wohl gute Milch, aber nichts dareinzubrocken. Da liefen redliche Gesellen der Zürcher hinzu mit Brot und brockten ein, und lag jedweder Teil auf dem Erdreich und aß.« Die Fonduehistoriker fügen noch Käse hinzu und schließen daraus, daß Fondue friedlich mache.
Bei Brillat-Savarin finden wir die Geschichte vom Bischof von Belley (Kreisstadt im französischen Département Ain), der die Fondue mit dem Löffel statt mit der Gabel aß. Da Brillat-Savarin aber auch das Rezept dieser Fondue verrät, wissen wir, daß es nichts als ein mit Käse gewürztes Rührei war. Wir können also Brillat-Savarin aus der Fonduehistorie streichen.

Die Wahrheit über Käsefondue

Ein demokratisches Gemeinschaftsessen, das Gesellschaftsspiel mit Rustikalem und Leckerem verbindet, ist die Fondue ein Kind der französischen Schweiz. Wollte man in Genf, in Lausanne oder Neuenburg einen Gast ehren oder das Wiedersehen mit alten Freunden feiern, wurde eine Fondue aufgetischt. In der deutschen Schweiz servierte man diese menschenverbindende Käsespeise nur in Spezialrestaurants, den bäuerlich eingerichteten Carnotzets, in denen heimwehkranke Welschschweizer ihre Trauer unter Käsebrei und Kirschwasser begruben.
Nach Eva Maria Borer (»Alte und neue Küche in der Schweiz«) war vor 1939, dem Jahr der Zürcher »Landi« (Landesausstellung), Fondue in der deutschen Schweiz nahezu unbekannt und erst in den fünfziger Jahren begann der eigentliche Siegeszug, der schließlich dazu führte, daß in der Fonduesaison, also in den Wintermonaten, in einem einzigen Monat in den schweizerischen Haushaltungen 830 000 Fondues, also rund 2,5 Millionen Einzelportionen, serviert wurden. Oder: Jeder Schweizer ißt pro Jahr sechsmal Fondue. Daher gilt sie für alle Ausländer und vor allem für die Amerikaner als *das* Schweizer Nationalgericht, und nicht zuletzt hat sie sich dank Walt Disneys Superfilm »Cinerama Holiday«, der die Schweiz als Land der Berge, Kühe, Alphornbläser und Fondueesser darstellt, die Welt erobert. Die meisten Fondue-Kochbücher sind in englischer Sprache geschrieben.

Fondue ist ein magisches Wort

Warum Fondue so floriert

Mit einer Fondue kann man mit einem Minimum an Aufwand ein Maximum an Effekt erreichen. »Fondue schmeckt gut und schenkt gute Laune«, diese Übersetzung des schwyzertütschen Slogans »Fondue isch guet und git e gueti Luune«, trifft die Stimmung einer solchen Einladung genau, und wenn ein waadtländischer Humorist im Dienst der Fonduewerbung sagte: »In einem Land, wo die Menschen zusammen Fondue essen, gibt's in gesellschaftlichen Kreisen kaum einen Mordsstreit« – dann hat er recht. Denn das gemeinsame »Aus-einem-Topf-Essen« verbindet, man muß sich auf die Tätigkeit des Stippens, Eintauchens, Käse-um-das-Brot-Wickelns (oder Fleischbratens) und des Sich-den-Mund-nicht-Verbrennens so konzentrieren, daß man sich während einer Fondue nicht streiten kann. Dazu dauert ein solches Essen lange, und es breitet sich eine merkwürdig friedliche Stimmung aus, die vielleicht auf den massigen Käse im Magen zurückzuführen ist.

Man muß eine Fondueparty soziologisch betrachten: Sie hat etwas von jener gemeinsamen Geborgenheit, die die Menschen an einem Lagerfeuer miteinander verband; die lodernden Scheite auf einer Lichtung oder an einem Ufer haben sich zur blauen Flamme des Rechaudbrenners (die blaue Flamme der Romantik!) auf einem Tisch gewandelt, ohne viel von ihrer Stimmung eingebüßt zu haben. Ob man sein Brot in die blasenschlagende, blubbernde Käsemasse taucht, ob man Fleisch in siedendem Öl brät oder in kochender Brühe gart – es ist etwas anderes, als einfach ein Schnitzel zu essen. Es ist sicher eine Unterhaltung wert, sich über das Stammesgefühl einer Fonduerunde klarzuwerden. Das einfache Essen wird ritualisiert, der Neuling in der Runde wird durch das gemeinsame Essen aus einem Topf in den Clan aufgenommen, die Feuermagie verbindet, man taucht in die eigene Vorzeit ein, man vergißt das ganze verdammte 20. Jahrhundert. Wir glauben fest, daß auch das wichtige Gründe sind, warum Fondues zu internationalen Einladungshits geworden sind.

Nützliche Tips für Fonduefreunde

Käsefondue: Vorsicht bei der Verwendung von Käse-Randstücken. Sie dürfen höchsten $^1/_3$ der Käsemenge ausmachen, da sonst der Geschmack zu scharf wird. • Kräuter gibt man frisch bei Tisch in die Käsemasse, getrocknete immer nur pulverisiert. Vorsicht bei der Dosierung. • Man kann der Käsemasse eine kräftigere Farbe geben, wenn man etwas aufgelösten Safran oder Turmeric dazurührt. Beide Gewürze dürfen aber nicht durchschmecken.

Öl-Fett-Fondue: Gewürzt werden Fleisch und Fisch immer erst nach dem Stippen. Das heiße Fleisch nimmt wie beim Grillen die Gewürze sofort auf. Salz würde das Fleisch Wasser ziehen und das Fett spritzen lassen, Pfeffer es verunreinigen. Getrocknete oder frische Kräuter fallen im Fett ab und verbrennen. Das gibt einen brandigen Geruch und Geschmack.

Brühefondue: Getrocknete Kräuter immer mitkochen lassen, frische erst bei Tisch zur Brühe geben oder zum Stippen hinstellen. Hier darf vor dem Stippen gewürzt werden; dadurch wird die Brühe immer kräftiger.

Mit Kräutern würzen: Getrocknete Kräuter mit in den Fonduetopf geben, sie blühen erst in der Hitze auf. In frische Kräuter stippt man den bereits garen Bissen.

Dekoratives: Wer Sinn für Dekoratives hat, kann die Einlagen in Käsefondues attraktiv schneiden. So die Trüffeln in der Fondue à la Périgueux in Form von Herzchen und Glückssymbolen, die Champignons oder Steinpilze in der Pilzfondue roh als feine Pilzquerschnitte. Für die Bierfondue kann man Cornichonscheibchen in Form von Kartenspielsymbolen ausstechen und darauf schwimmen lassen.

Fondue ißt man selten allein

Zu einer zünftigen Fondue gehören mindestens zwei, denn allein aus dem Topf zu essen, würde dem Grundritual dieser geselligen Mahlzeit widersprechen.
Eine Fondue ist zum Beispiel ein richtiges Familienessen, und da auch Weihnachten ein richtiges Familienfest ist, haben wir gefolgert: wie gut müssen Weihnachten und Fondue zusammenpassen. Denken Sie einmal darüber nach. Wir wundern uns, daß die Fondue noch nicht das Heilig-Abend-Essen Nummer eins geworden ist. Sie macht wenig Arbeit und viel Spaß; alle sitzen in fröhlicher Runde beisammen, und außerdem darf getrunken werden. Wollen wir am nächsten Weihnachtsabend eine Fondue zu unserem Festessen machen?
Aber auch wenn nicht Weihnachten ist – zu einer Fondue läßt sich gut einladen. Dabei müssen wir daran denken, daß die Schweizer ihre Käsefondue nur in der kalten Jahreszeit essen. Sie sättigt sehr und liegt nicht gerade leicht im Magen. Da wir keine trainierten Käsefondue-Mägen haben, sollten wir auch zunächst nach 20 Uhr abends keine Fondue mit Käse essen, wenn wir nicht bis in den Morgen hinein aufbleiben wollen.
Zu einem Topf sollten wir nicht mehr als sechs Personen setzen. Auch hier können wir von den Schweizern lernen: Bei den Übungen der Armee gibt es immer einen Fondueabend, und dabei gesellen sich jeweils sechs Soldaten um ein Pfännli (Caquelon oder Kachel) und tunken ihre Brotwürfel in den Käsebrei. Mehr als sechs kommen sich mit den Gabeln ins Gehege, kühlen den Käsebrei (oder das Öl) zu stark ab und haben die Fondue zu schnell aufgegessen.
Neben den Gästen brauchen wir einige unumgängliche Gerätschaften. Eine rührige Industrie hat die verschiedensten Pfannen und Töpfe herausgebracht, die man auf alle möglichen Rechauds stellen kann. Für jeden Geschmack ist gesorgt: für die Schmiedeeisenschnörkel-Schätzer gibt es viel Üppiges, aber auch die Sachlichen finden Schönes und ebenso die Liebhaber von Farbig-Rustikalem. Von 20 bis 120 Mark sind Sie dabei. Eine Übersicht auf Seite 127 hilft Ihnen, die Qual der Wahl schon zu Hause auszukosten.

Gerätschaften, die wir brauchen:
Für Käsefondue braucht man, wegen der geringeren Temperaturen, nur ein *irdenes Gefäß,* doch sollte man hierbei nicht sparen – es ist häßlich, wenn so ein *Caquelon* auf hübsch gedecktem Tisch zerspringt und die Käseflut ins Rechaud, auf die Tischdecke und über die Sets fließt. Eine Fleischfondue mit heißem Öl muß man immer in einem *Metallgefäß* machen.
Geradezu ideal sind die *gußeisernen, farbig emaillierten Gefäße* aus Frankreich: in ihnen kann man Käse- und Fleischfondues zubereiten. Allzweckgeräte für den temporären Fonduekoch, der nicht einen ganzen Schrank voll Spezialgeräte horten will.
Weiterhin braucht man langstielige, spitzzinkige *Gabeln,* bei der Käsefondue pro Person eine, bei der Fleischfondue pro Person zwei, wegen der Hitze, die die Gabel im siedenden Öl annimmt. Gabel zwei, die auf dem Teller bleibt, kann auch eine Normalgabel sein. Die Original-Käsegabel hat drei, die Original-Fleischgabel hat zwei Zinken mit kleinen Widerhaken.
Nicht empfehlen möchten wir Ganzmetallspießchen, die zwar lustig anzusehen sind, an denen man sich aber erbärmlich die Finger verbrennt. Dagegen sind *Holzspieße* durchaus empfehlenswert, für einige Fonduearten sogar obligatorisch.
Passend zum Caquelon gibt es *Käsefondue-Teller,* auf denen man sein Brot hortet; sie sind meist mit heiteren Sprüchen versehen. Zu einem solchen Gedeck gehören außerdem oft noch *Miniaturcaquelons,* aus denen man den obligatorischen Schnaps trinkt. Sie sind praktischer als normale Schnapsgläschen (und zünftiger), da sie so weit sind, daß man auch Brot hineintauchen kann – ein beliebter Brauch, um dem Brot vor dem Eintauchen in die Käsemasse noch einen alkoholischen Touch zu geben.
Sinnvoll sind *Spezialteller für die Fleischfondue* (oder für alle Fonduevarianten, zu denen man mehrere Saucen zum Dippen serviert), die eine Fächereinteilung für Saucen und Saures haben.
Bei den *Rechauds* genügt ein Brenner mit Spiritus. Wer mit seinem Rechaud richtig kochen möchte, nehme einen Brenner, der wie ein Feuerzeug mit Butangas gefüllt wird (genauere Angaben siehe Seite 127).

Fondue ist ein magisches Wort

Ungemein praktisch sind die neuen *Elektro-Fonduegeräte.* Damit können Sie alle Fondues – von der Käse- über die Öl- bis zur Schokoladenfondue – bereiten. Sie brauchen nur den Regler auf die gewünschte Heizstufe zu stellen, dann besorgt die Automatik alles weitere.

Bei Käse braucht man die Stufen 1 bis 4 (85 Grad); bei Öl die Stufe 6 (180 Grad); bei Bouillon die 6 (bis zum Kochen), dann zurück auf 4 bis 5 (100 Grad); bei Schokolade die Stufen 2 bis 3 (70 Grad). Da der Thermostat das Gerät vor Überhitzung schützt, kann sich das Öl nie entzünden. Einen Nachteil hat dieser moderne Komfort allerdings: die romantische blaue Flamme fehlt.

Der Tisch darf bunt sein

Gedeckt wird rustikal mit farbigem Leinen. Ob Sie Platzsets auf blanker Tischplatte verwenden, ob die Farbe des Tischtuchs mit der Keramik und den Bauernblumen harmoniert oder ob Sie Kontrastfarben setzen, überlassen wir Ihrem Geschmack. Erlaubt ist alles, Silber und Kristall sind allerdings fehl am Platz.

Wichtig sind *Servietten* und bei der Fleischfondue eventuell ein *Fonduelatz,* um sich vor Fett und Getropfe zu schützen, wenn Sie sich mit einem Latz nicht ein wenig lächerlich vorkommen.

Ein *Schnapsglas* ist wichtig, ein *Weinglas* pro Person und für Magenschwache bei der Käsefondue auch eine *Tasse* für schwarzen Tee. Zu jeder Fondue gehört die *Pfeffermühle;* mit ihr dürfen Sie einen gewissen Kult treiben: die Auswahl ist ja groß.

Das Brot servieren Sie in einem oder zwei hübschen *Körbchen,* die Saucen zur Fleischfondue in verschiedenen *Schüsselchen und Schälchen;* Fertigsaucen können auch in den Originalflaschen auf dem Tisch stehen. Das Bild soll insgesamt recht bunt und vielfältig sein. Genaue Anweisungen finden Sie bei den einzelnen Rezepten.

Nützliche Hinweise: Eine Ölfondue sollten Sie nur servieren, wenn Sie auch gut lüften können; am besten schmeckt sie auf dem Balkon oder auf der Terrasse.

Und wenn Sie Fondueneuling sind oder eine Fondue zum ersten Male ausprobieren, versuchen Sie's zuerst mit der Familie. Vor Gästen blamiert es sich schlechter.

Das Feuer unter den Fonduetöpfen

Die Kerze ist die kleinste Hitzequelle. Sie ist nur für Schokoladenfondues geeignet.

Der Spiritusbrenner ist die häufigste Hitzequelle. Ihn gibt es fast nur noch dochtlos: Spiritus wird auf unbrennbare Glaswolle gegossen, die Luftzufuhr und damit die Größe der Flamme wird durch ein Sieb geregelt. So verbrennt der Spiritus fast geruchlos. Achten Sie beim Einkauf darauf, daß sich mit dem Brenner problemlos hantieren läßt. Daß man ihn leicht löschen kann, daß er sich nicht auf der Standfläche dreht, daß man ihn auch unter dem mit heißem Öl gefüllten Topf herausnehmen kann. Denken Sie daran: Beim Hantieren ist der Brenner heiß und hat eine große Flamme. Brenndauer einer Spiritusfüllung bei großer Flamme 60–80 Minuten, bei mittlerer bis kleiner Flamme bis zu 2½ Stunden.

Der Gasbrenner arbeitet mit Butangas. Eine Füllung hält bei großer Flamme 1, bei mittlerer bis zu 3, bei kleiner Flamme bis zu 9 Stunden. Butangas verbrennt völlig geruchlos. Diese Brenner kann man sehr genau regulieren. Sie werden aus Sicherheitsgründen nur zusammen mit einem Rechaud verkauft. Die besten Erfahrungen haben wir mit den Gasbrennern von Kisag und dem Aero-Flame von Sigg gemacht. Letzterer hat auswechselbare Brennköpfe für Fondue und zum Flambieren.

Käsefondues aus aller Welt

Bevor wir mit dem grundsätzlichen Rezept beginnen, das wir ganz ausführlich und mit allen Möglichkeiten beschreiben werden, möchten wir aufzählen, was sonst noch zum Fondueritual gehört.
Wer seinen Gästen zum Glas Wein vorweg einige Scheiben Bündner Fleisch mit Pfeffer serviert, weiß, was sich gehört und was gut schmeckt. Man kann das Bündner Fleisch auch immer mal zwischendurch schnabulieren, doch das gehört fast schon zu einem anderen Fonduerezept.
Getrunken wird zur Fondue selbst nichts oder heißer schwarzer Tee oder der gleiche Wein, mit dem Sie die Fondue gekocht haben. Eine merkwürdige Reihenfolge? Ich habe sie bewußt so gewählt, weil viele Leute den Wein – der im übrigen nicht so kalt wie sonst serviert werden sollte – zur Fondue mit Magendrücken bezahlen müssen. Heißer Käse und kühler Wein, da kann es im Magen zu Klumpenbildung kommen. Wer einen kräftigen Magen hat: nun – Wein schmeckt am besten dazu.
Und ein Kirschwasser natürlich. Oder etwas anderes Gebranntes, aber immer das, womit wir die Fondue zubereitet haben. Allerdings will ich nicht dem Brauch das Wort reden, mehrere Wässerli zur Fondue zu trinken. Das kann man unbemerkter (und calvinistischer) tun, indem man hie und da seinen Brotwürfel in Kirschwasser badet, bevor man ihn in die Käsemasse taucht. Man nennt die Methode (und den daraus resultierenden Gesamtzustand) »Sanssouci«. Der eigentliche Schluck aus dem Glas heißt »Le coup du milieu« und wird zelebriert, wenn der Fonduecaquelon zur Hälfte geleert ist.
Geht der Käse dem Ende zu, bildet sich auf dem Grund des Caquelons eine braune Kruste, die man nicht anbrennen lassen sollte. Sie bekommt der Ehrengast, im Familienkreis wird man sich darum streiten. Man nimmt den Caquelon vom Feuer und löst die Kruste nicht mit Brot, sondern mit der Gabel.
Wenn die Flamme verloschen ist, wird man noch ein, zwei Gläschen Kirsch trinken, noch ein Brotbröckchen knabbern und rundum satt sein.
Nach einer gewissen Pause kann Kaffee serviert werden, oder man setzt sich zum Wein, der jetzt wieder kühl sein soll. Fondue ist eine gute Trinkgrundlage.
Doch nun zum Grundrezept, dem Fundament der Käsefondue, das für 4 Personen gilt, wie alle Rezepte, wenn es nicht anders dabeisteht. Wenn Sie es mehrmals gemacht haben, können Sie alle anderen Käsefondues sozusagen im Schlaf zubereiten.

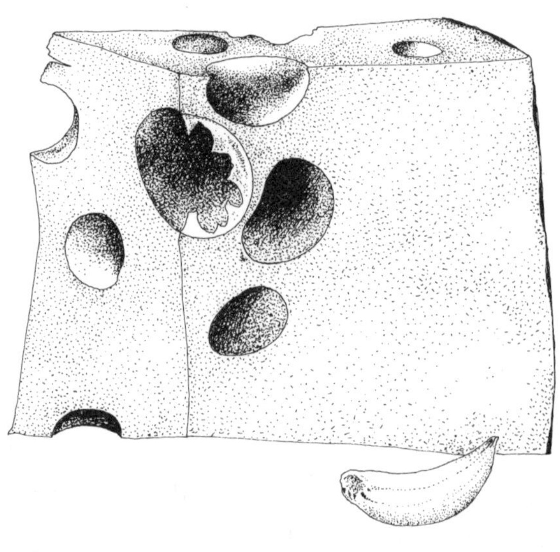

Käsefondues aus aller Welt

Grundrezept zur Neuenburger Fondue

Bild Seite 18

1 Knoblauchzehe • 400 g Greyerzer Käse • 200 g Emmentaler Käse • 0,3 l spritziger Weißwein (am besten aus Neuchâtel) • 1 Teel. Zitronensaft • 4 gestrichene Teel. Speisestärke • 1 Gläschen Kirschwasser (2 cl) • 2–3 Drehungen Pfeffer aus der Mühle • eventuell etwas geriebene Muskatnuß

So wird's gemacht: Den Caquelon (wenn er aus Ton ist, haben Sie ihn vor dem ersten Gebrauch mit Milchwasser ausgekocht; ist er aus glasierter Keramik oder emailliertem Gußeisen, kann er sofort benutzt werden) mit der halbierten Knoblauchzehe trocken ausreiben. Dann den Käse raspeln oder reiben, mischen und hineingeben (Greyerzer allein wäre zu herb, Emmentaler allein zu mild). Den Wein, den Zitronensaft und die Speisestärke verrühren und unter kräftigem Rühren zusammen mit dem Käse aufkochen. Das geschieht in der Küche auf der Elektroplatte oder dem Gasherd. Der Zitronensaft ist wichtig, um dem Wein die nötige Säure zu geben, denn die Säure bewirkt, daß der Käse sich auflöst. Mit einem Holzlöffel in Form einer Acht rühren, damit der Käse keine Fäden zieht, denn so wird der Kreis immer wieder unterbrochen.

Das Kirschwasser dazugießen, mit dem Pfeffer und Muskatnuß würzen und nach kurzem Kochen, wenn die Masse gleichmäßig glatt und cremig geworden ist, mit dem Caquelon zum Brenner auf den Tisch umziehen, wo die Fondue immer weiterköcheln muß.

So schmeckt's am besten: Man spießt einen Brotwürfel auf die Gabel, tunkt ihn in den Caquelon, rührt um, wickelt dabei Käsemasse auf und führt den Bissen unter Drehbewegungen – damit der Käse nicht tropft – zum Mund. *Vorsicht – der Käse ist heiß!*

Daran denken: Während des Essens soll die Käsemasse immer leise köcheln. Beim Broteintauchen rührt der gelernte Fondueesser den Käse jedesmal gut um – so bleibt die Fondue bis zum Schluß sämig.

Anmerkung: Dieses Rezept wird von der Schweizerischen Käseunion propagiert, ist vieltausendfach ausprobiert, und es kann damit nichts schiefgehen. Um gleich Kritik vorzubeugen: Wenn einem Schweizer die Speisestärkemenge zu hoch erscheint – 4 gestrichene Teelöffel sind 10 Gramm, 1 gehäufter kann 8–12 Gramm enthalten.

Das Brot zur Käsefondue

Wir rechnen etwa 4 Scheiben oder 200 Gramm pro Person. Wir nehmen Weißbrot mit möglichst viel Kruste (Pariser Brot) und schneiden es so in bißgroße Würfel, daß jeder Würfel ein Stück Kruste behält. Das ist wichtig, damit die Gabel einen festen Halt hat und man seinen Brotwürfel nicht in der Fondue verliert. So etwas kostet einen Herrn nämlich eine Runde Wein oder die nächste Fondue (so streng sind hier die Bräuche), eine Dame kann sich mit einem Kuß loskaufen. Außerdem haftet an der Rinde der Käse auch besser. Wir nehmen aber nicht nur Weißbrot, sondern auch dunkles oder Grahambrot. Das Brot soll nicht zu frisch, die Würfel dürfen nicht ausgetrocknet sein. Deshalb schneiden wir sie erst kurz vor dem Servieren oder wickeln sie in Alufolie.

Wenn etwas schiefgeht

- *Wenn die Fondue zu dick ist:* Der kochenden Fondue unter ständigem Rühren mit dem Schneebesen etwas erwärmten Wein zufügen. Auch Kirschwasser hilft hier.
- *Wenn die Fondue zu dünn ist:* Kräftig kochen lassen und eine Handvoll geraspelten Käse unter Rühren dazugeben. Oder mit in ein wenig Weißwein angerührter Speisestärke nachdicken.
- *Wenn sich Klumpen bilden:* Eine Zugabe von Zitronensaft oder Weinessig hilft hier, denn mit Sicherheit war Ihr Wein nicht säuerlich genug. Dabei gut durchrühren.
- *Wenn sich Käse und Wein wieder scheiden:* Zurück auf den Herd und unter kräftigem Schlagen mit dem Schneebesen bei großer Hitze aufkochen. Am Tisch beim Eintauchen jedesmal gut umrühren – die Fondue hat sich sicher nur geschieden, weil Sie und Ihre Gäste das Rühren vergessen haben. Ab und zu sollten Sie mit den Brotstückchen dicht am Boden rühren, dann kann die Fondue nicht anbrennen.

Fondues sind international. Die Italiener nennen ihre raffinierte Variante »Fonduta«. Rezept Seite 29 ▷

• *Wenn Käse und Wein sich nicht binden wollen:* Lösen Sie 1 Teelöffel Speisestärke in etwas Wein mit Zitronensaft auf und fügen es der Fondue unter kräftigem Rühren zu.
• *Wenn die Fondue zu Ende geht und die Gäste noch nicht satt sind:* Das merkt man schon, wenn die Fondue halb gegessen ist. 2–3 gut verklopfte Eier in die Käsemasse quirlen, kräftig mit Pfeffer würzen, vielleicht auch mit Knoblauchsalz nachwürzen und die Spiritusflamme kleiner stellen. Es kann weitergetunkt werden!
• *Wenn Fondue übrigbleibt:* Reste mit kaltem Wasser begießen, hart werden lassen, entfernen.

Wichtige Frage: Welcher Wein und welcher Käse?
In unserer Rezeptsammlung werden Sie die verschiedenen Weine kennenlernen, mit denen man die unterschiedlichsten Käsefondues kochen kann. Bei deutschen Weinen nehmen Sie grundsätzlich solche, die das gelbe Trockensiegel tragen. Als weitere Faustregel gilt: *Ein Wein von höherem Säuregehalt bindet den Käse besser als ein süßer.* Doch dafür haben wir Zitronensaft (oder Weinessig), um das Zuwenig an Säure auszugleichen. Bestimmte Schweizer Weine sind besonders gut geeignet.
Als Fondueweine gelten: Neuenburger (Neuchâtel), Weine vom Bieler und vom Murtensee, vom Zürichsee und vom Genfer See sowie Fendant. Ein guter Apfelwein eignet sich ebenfalls vorzüglich.
Wissenswertes zum Wein erfahren Sie außerdem auf Seite 125, vor allem, welchen Sie zur Fondue am besten trinken.

Die Käsefrage kann man einfach oder ausführlich beantworten. Die einfache Antwort: *Je jünger der Käse, desto milder die Fondue – je reifer, desto herzhafter.* Deshalb mischt man auch gerne Käsejahrgänge.
Welche Käse aus den verschiedenen Ländern sich zur Fondue eignen, ob sie gut schmelzen oder Fäden ziehen, finden Sie in unserem »Steckbrief für 30 Fonduekäse« auf Seite 36.

Nachdem wir das Grundrezept gelernt haben, dürfte es uns nicht schwerfallen, alle folgenden Fondues auch zuzubereiten. Deshalb sind auch die Rezepte nicht mehr so ausführlich wie unser erstes. Beginnen wir mit den Spezialfondues der verschiedenen Schweizer Kantone und Städte.

Freiburger Fondue

Eine alkoholfreie Fondue ohne Wein und Kirsch. Keine Angst, fahruntüchtig macht auch eine Neuenburger Fondue nicht, da der Alkohol bereits nach 5 Minuten herausgekocht ist und nur das Aroma bleibt. Fahruntüchtig kann allenfalls der dazu getrunkene Alkohol machen.

800 g vollreifer Vacherin à Fondue • 1 Knoblauchzehe • etwas Butter • 4 Eßl. warmes Wasser • eventuell etwas Speisestärke • Pfeffer • Salz

So wird's gemacht: Der Freiburger Vacherin ist ein milder, leicht schmelzender Käse, den es nur in den Wintermonaten und dann hauptsächlich in Spezial- und Delikatessengeschäften gibt (siehe Seite 39). Den Käse in kleine Stückchen oder feine Scheibchen schneiden, den Caquelon gut mit Knoblauch ausreiben und mit Butter einfetten. Den Käse und das gut warme Wasser hineingeben. Auf kleiner Flamme den Käse mit der Gabel zerdrücken und dabei vorsichtig zu Creme rühren. *Darf auf keinen Fall kochen!* Sollte das trotzdem passieren, muß man mit ein wenig in Wasser angerührter Speisestärke die Fondue wieder binden. Wird die Creme zu dick, löffelweise warmes Wasser hinzufügen. Mit Pfeffer und ganz wenig Salz würzen. Auf kleinster Flamme, besser noch auf einer Kerze oder Warmhalteplatte servieren.

So schmeckt's am besten: Mit Brot austunken, das man in Zwetschgenwasser stippen darf.

Pussyfoot-Fondue

Natürlich haben auch die Amerikaner eine alkoholfreie Fondue, die sie nach dem berühmtesten

◁ Fundament aller Käsefondues, sozusagen das Ur-Rezept, ist die Neuenburger Fondue. Rezept Seite 15

Schnapsfahnder der Prohibition »Pussyfoot« Johnson benannt haben.

250 g Greyerzer Käse • 250 g Emmentaler Käse • 1 Knoblauchzehe • ¼ l Apfelsaft • 1 gestrichener Eßl. Speisestärke • 3 Eßl. Zitronensaft • Edelsüßpaprika • geriebene Muskatnuß

So wird's gemacht: Den Käse raspeln. Den Caquelon mit der geschälten, angeschnittenen Knoblauchzehe ausreiben, den Apfelsaft hineingeben und langsam erhitzen. Wenn die ersten Blasen aufsteigen, den Käse handvollweise dazugeben. Rühren. Ist der Käse geschmolzen, die Speisestärke im Zitronensaft glattrühren, dazugießen und gut verschlagen. Mit Paprika und Muskat nach Geschmack würzen, abschmecken und dicklich einkochen lassen. Auf dem Rechaud servieren.

So schmeckt's am besten: mit Würfeln von Pariser Stangenbrot (siehe auch Rezept Seite 119).

Waadtländer Fondue

Zurück in die Schweiz, die so viele Käsefondue-Varianten zu bieten hat.

600 g Greyerzer Käse in verschiedenen Reifegraden • 1 Knoblauchzehe • etwas Butter • ¼–⅜ l Waadtländer Wein (La Côte oder Dorin) • 1 Teel. Zitronensaft • 4 gestrichene Teel. Kartoffelstärke • 1 Gläschen Kirschwasser (2 cl) • geriebene Muskatnuß • Pfeffer

So wird's gemacht: Den Käse raspeln. Die Knoblauchzehe feinschneiden und in der Butter im Caquelon anrösten. Den Wein, den Zitronensaft und den Käse dazugeben, aufkochen lassen. Das Kartoffelmehl mit dem Kirschwasser glattrühren und in die kochende Fondue gießen. Mit Muskat und Pfeffer würzen. Ncchmals kräftig aufkochen lassen. Diese Fondue darf etwas dünnflüssiger sein.

So schmeckt's am besten: Wir servieren Pariser Stangenbrot (siehe auch Rezept Seite 119) dazu.

Moitié-Moitié

»Halbe-Halbe« nennen die Freiburger ihre Fondue, wenn sie das folgende Rezept verwenden.

300 g Greyerzer Käse • 1 Knoblauchzehe • 0,2 l Neuenburger Weißwein • 1 Teel. Zitronensaft • 2–3 gestrichene Teel. Speisestärke • 300 g Vacherin à Fondue • 1 Gläschen Kirschwasser (2 cl)

So wird's gemacht: Den Greyerzer reiben. Den Caquelon gründlich mit Knoblauch ausreiben. Den Käse mit dem Wein und dem Zitronensaft im Caquelon aufkochen lassen. Mit der in wenig Wein aufgelösten Speisestärke binden. Ist die Fondue glattgerührt, den Vacherin auf einer Raspel spänen und zusammen mit dem Kirschwasser zufügen. Er soll nur noch schmelzen, nicht mehr kochen.

Unser Tip: Auch bei Tisch die Fondue nicht mehr köcheln lassen, sondern nur heiß halten.

Ostschweizer Fondue

Hier hinein gehört ebenfalls der Vacherin à Fondue.

1 Knoblauchzehe • 200 g Appenzeller Käse • 200 g Emmentaler Käse • ¼ l trockener Cidre (Apfelwein) • 1 Teel. Zitronensaft • 2 gestrichene Teel. Speisestärke • 200 g Vacherin à Fondue • 1 Gläschen Kirschwasser (2 cl)

So wird's gemacht: Den Caquelon mit geschältem, halbiertem Knoblauch »parfümieren«. Den Appenzeller und den Emmentaler grob schneiden und mit dem Apfelwein und dem Zitronensaft hineingeben. Langsam aufkochen, damit der Käse gut schmilzt, und weiter wie im vorhergehenden Rezept für Moitié-Moitié.

So schmeckt's am besten: mit kräftigen Bauernbrotbrocken.

Genfer Fondue Nummer eins

Ein Fonduegericht, bei dem man die flüssigwürzige Käsemasse nicht unbedingt auftunken muß, sondern mit einem Schöpfer über die Zuspeisen gießen darf.

500 g Emmentaler oder Greyerzer Käse zweier Reifegrade • ½ Glas Weißwein (0,1 l; Dézaley oder Vevey) • 0,1 l Sahne • 3 Eigelbe • Pfeffer • geriebene Muskatnuß

So wird's gemacht: Den Käse je nach Reifegrad raspeln oder kleinschneiden und mit den anderen Zutaten in den Caquelon geben. Bei ganz kleiner Hitze rühren, bis alles cremig wird. *Die Mischung darf nicht zum Kochen kommen.* (Wenn die Masse kocht, scheidet sie sich, und die Eier gerinnen). Auf einer Warmhalteplatte, nicht auf einem Rechaud, servieren.

So schmeckt's am besten: mit gerösteten Brotschnitten (siehe auch Rezept Knabbeln Seite 119) oder Pellkartoffeln.

Genfer Fondue Nummer zwei

400 g Greyerzer Käse • 200 g Emmentaler Käse • 200 g Walliser Bergkäse • ⅜ l Wein vom Genfer See • 1 Teel. Zitronensaft • 3 gestrichene Teel. Kartoffelstärke • 1 Gläschen Kirschwasser (2 cl) • Pfeffer • 10 g getrocknete Morcheln • 1 Eßl. Butter

So wird's gemacht: Die Fondue nach unserem Grundrezept (Seite 15) kochen. Die Morcheln für 5 Minuten in kaltes Wasser legen, sorgfältig bürsten, damit kein Sand darin hängen bleibt, in Stückchen schneiden, abtropfen lassen und 10 Minuten in der Butter dämpfen. Unter die fertige Fondue ziehen.

Variante: Unter diese Fondue noch 2 abgezogene, ausgehöhlte, gut getrocknete und kleingewürfelte säuerliche Tomaten mischen.

Nützlicher Hinweis: Wir meinen die aromatischen getrockneten Speisemorcheln, nicht die sogenannten China-Morcheln, die so gut wie kein Aroma haben.

Die verschiedenen Brotsorten für Fondues

Die Schweizerische Käseunion beantwortet in ihrer Dokumentation »Der Schweizer Käse im Gastgewerbe« die Frage »Was für Brot wird zum Fondue serviert?« so: »Halbweiß- oder Weißbrot mit viel Rinde, zum Beispiel Pariserbrot. Es gibt aber auch Fondueliebhaber, die ein ›chüschtiges‹ Ruchbrot (= *kräftig schmeckendes Brot mit Roggenmehlanteil*) vorziehen. Das Brot wird in mundgerechte Würfel geschnitten oder am Stück serviert in Form von kleinen Parisettes, die der Gast selber bricht. Fonduebrot darf mindestens einen Tag alt sein. Ganz frisches Brot ist schwerer verdaulich und läßt sich außerdem schlecht an die Gabel stecken. Fonduegäste mit empfindlichem Magen werden unter Umständen geröstete Brotwürfel verlangen.« Lesen Sie hierzu auch unser Rezept für Knabbeln auf Seite 119.
Neben dem Pariserbrot kann man auch Kaviarstangen oder Original Baguettes servieren. • Kaisersemmeln (Rosenbrötchen) eignen sich, weil sie sich leicht in krustenreiche Stücke auseinanderbrechen lassen. • Herzhaft schmeckt Grahambrot, das sich allerdings leichter in der Käsemasse verliert, da es nicht so fest auf der Gabel sitzt. • Wer Brot mit Roggenanteil vorzieht, verwende die großporigen St. Galler und Baseler Brote oder den Bauernstuten, der sehr viel Kruste besitzt. • Roggenbrötchen, Salzbrötchen und Zwiebelbrötchen eignen sich für kräftig schmeckende Käsefondues.

Gomser Fondue

Diese Fondue ist auch unter dem Namen »Walliser Fondue« bekannt, da der Gomser ein typischer Bergkäse aus dem Wallis ist.

600 g Gomser Käse • 1 Knoblauchzehe • 1 gestrichener Eßl. Mehl • 1 Eßl. Butter • 1/2 l Milch • Pfeffer • geriebene Muskatnuß

So wird's gemacht: Den Gomser in Streifen schneiden. Den Caquelon mit Knoblauch ausreiben. Das Mehl darin in der Butter hellgelb werden lassen, vom Herd nehmen und die Milch unter kräftigem Schlagen mit dem Schneebesen dazugießen. Dann gute 5 Minuten unter weiterem Umrühren zu einer Art dünner weißer Sauce köcheln lassen. Den Käse dazugeben und unter kräftigem Rühren zum Kochen und Schmelzen bringen. Würzen und wie gelernt servieren und essen.

Luzerner Fondue

Bringt Farbe in den oft etwas eintönigen gelben Käsebrei der meisten anderen Fondues.

1 Knoblauchzehe • 360 g Greyerzer Käse • 240 g Innerschweizer Alpkäse • 3/8 l Weißwein • 1 Teel. Zitronensaft • 3 gestrichene Teel. Speisestärke • 1 Gläschen Kirschwasser (2 cl) • 2 Eßl. gehackte Kräuter

So wird's gemacht: Den Caquelon mit Knoblauch ausreiben und die Fondue nach dem Grundrezept auf Seite 15 zubereiten. Die gehackten Kräuter (einen guten Dreiklang bilden Liebstöckel, Wermut und Estragon) in einem Stück Küchenkrepp leicht ausdrücken und erst in die Fondue rühren, wenn man sie zu Tisch bringt.

So schmeckt's am besten: Neben den Brotstückchen auch Brätkügeli (rohe Bratwurst kugelförmig aus dem Wurstdarm drücken und kurz in siedendem Wasser ziehen lassen) dazu servieren.

Glarner Fondue

Sie ist durch Zugabe von Schabzieger besonders pikant, dem grünen Würzkäse aus der Schweiz, den es jetzt auch bei uns zu kaufen gibt.

2 Eßl. Butter • 2 gestrichene Eßl. Mehl • 1/4–3/8 l Milch • 1 Prise Salz • 200 g Greyerzer Käse • 4 gestrichene Eßl. geriebener Schabzieger Käse • 0,1 l Weißwein • weißer Pfeffer

So wird's gemacht: Die Butter im Caquelon schmelzen, das Mehl zugeben und langsam mit der Milch auffüllen. Zu einer dicken Sauce einkochen. Den Greyerzer reiben, einrühren und schmelzen lassen. Den Schabzieger zusammen mit dem Wein in kleinen Portionen unterrühren. Sparsam mit der Pfeffermühle darübergehen und während des Essens nur noch auf kleiner Flamme warm halten.

Tessiner Fonduta

Der Genfer Fondue ähnelt die Käsecreme, die es heute noch in Tessiner Bergtälern gibt. Dieses Rezept stammt aus Eva Maria Borers »Alte und neue Küche in der Schweiz«.

Für die Polenta: 1 l Wasser • Salz • 250 g Maisgrieß
Für die Fonduta: 50g Sbrinzkäse • 50g Greyerzer Käse • 50 g Butter • 3 Eier • 1/4 l Milch • Salz • Pfeffer • geriebene Muskatnuß

So wird's gemacht: In einem gußeisernen Topf das Wasser mit Salz kochen und das Maismehl auf einmal, ohne zu rühren, hineinschütten. Eine Zeitlang anziehen lassen. Dann mit dem Holzlöffel umkehren – nicht rühren, sondern den Brei langsam vom Topfboden lösen. Die Polenta muß im Dampf bleiben, darf nicht antrocknen oder anbrennen. Die Hitze soll langsam schwächer gestellt werden. Es dauert 30 Minuten, bis sich die Polenta vom Boden und vom Löffel löst. Zusammenschieben und aus dem Topf auf eine Schüssel stürzen. Wesentlich einfacher geht es mit einer »Minutenpolenta«, die man auch bei

uns fertig kaufen kann. Sie bereitet keine Mühe und ist in 2 Minuten soweit.
Den Käse reiben. Alle Zutaten für die Fonduta im Caquelon mischen. Die Masse langsam erwärmen, dabei ständig mit einem Holzlöffel rühren. Die Creme darf nicht kochen. Sie wird – wenn sie fertig und ganz glatt ist – am Tisch sofort über die Polenta gegeben und gegessen.

Tessiner Fondue

8–10 Tomaten • 2 Knoblauchzehen • Wasser oder Tomatensaft • 300 g Greyerzer Käse • 300 g Emmentaler Käse • 4 gestrichene Teel. Speisestärke oder Mehl • Pfeffer • 1 gute Prise getrockneter Oregano • 1 Eßl. Sahne • 4 Eßl. Peperonata (Dose)

So wird's gemacht: Die Tomaten waschen, in Stückchen schneiden und mit den zerdrückten Knoblauchzehen im Caquelon oder in einem Topf weich schmoren. Durch ein Sieb drücken, die Flüssigkeit abmessen und mit Wasser oder Tomatensaft auf ³/₈ Liter ergänzen. 4 Eßlöffel voll abnehmen. Den Käse raspeln und mit dem Saft erhitzen. Die Speisestärke oder das Mehl mit dem zurückbehaltenen Tomatensaft glattrühren und dazufügen. Schnell aufkochen lassen. Mit frisch gemahlenem Pfeffer und dem zerriebenen Oregano würzen. Dann die Sahne unterrühren. Bevor man den Caquelon auf das Rechaud stellt, die Peperonata unterrühren.

Nützlicher Hinweis: Faule Köche können gleich von Anfang an Tomatensaft nehmen und mit Knoblauch würzen. Fleißige Köche bereiten die Peperonata selbst.

Rustikale oder Bauernfondue

1 Knoblauchzehe • 200 g Emmentaler Käse • 200 g Greyerzer Käse • 200 g rezenter (junger) scharfer Bergkäse • 0,3 l Weißwein • 4 gestrichene Teel. Kartoffelstärke • 1 Gläschen Zwetschgenwasser (2 cl) • Pfeffer • 50 g durchwachsener Speck

So wird's gemacht: Die Fondue aus den angegebenen Zutaten, wie im Grundrezept auf Seite 15 beschrieben, zubereiten. Den Speck in Würfelchen schneiden und in der Pfanne knusprig braten. Unmittelbar vor dem Servieren unter die Käsemasse rühren.

So schmeckt's am besten: Mit Bauernbrotwürfeln oder Sauerteignudeln (Rezept Seite 118) auftunken.

Fondue nach Art des letzten Rittmeisters

Werden wir literarisch und lesen wir das Fonduerezept aus Werner Bergengruens »Der letzte Rittmeister«:
»Die Fondue, dies remarquabelste aller alpinen Gerichte, entsteht dadurch, daß man in einem tiegelartigen Gefäß von feuerfestem Ton feinblättrig geschnittenen Emmentaler Käse zum Schmelzen bringt. Der Tiegel wird, bevor man ihm den Käse anvertraut, mit Schnaps ausgewischt. Welcher Schnaps sich hierzu vor jedem anderen eigne, darüber herrschen differierende Auffassungen. Oft wird Kirsch bevorzugt, doch möchte ich aus Gründen dem Gebirgswacholder oder dem Grappa das Wort reden. Ein Hauch von Aroma teilt sich dem Käse mit und vereinigt sich mit jedem kleinen Quantum neuenburgerischen Weißweins, das während der Schmelzprozedur langsam dazugegossen wird. Hier gibt es keinen Zweifel: selbst im Tessin ist Neuenburger in solchen Fällen de rigueur. Von sonstigen Zutaten, die sämtlich mit Sparsamkeit, ja mit Geiz verwandt werden wollen, verdienen Mehl, Pfeffer und eine Winzigkeit Knoblauch ihre Erwähnung. Es gibt auch Leute, die den Tiegel nicht mit Schnaps auswischen, sondern mit Knoblauch ausreiben und den Schnaps erst unmittelbar vor dem Essen hineinrühren. Hier muß man tolerant sein, ebenso wie gegen diejenigen, welche das Göttliche Gericht, der Vernunft und dem Geist der französischen Sprache zuwider, neutralisierend ›das Fondue‹ nennen. (Sie sind in der Mehrzahl.) Solche Dinge gehören nicht in die Neutralität.«

Nach dieser kleinen Nachhilfestunde in Sachen Fondue zu weiteren Rezepten, bei denen oft nur eine Kleinigkeit den Unterschied ausmacht. Einen großen geschmacklichen Unterschied erhält man allerdings durch die Verwendung anderer Käsesorten. Wie zum Beispiel bei der

Roquefortfondue

Bild Seite 27

Sie wird wie die Genfer Fondue Nr. 1 aus dem Teller gegessen und nicht aufgetunkt.

50 g Butter • 0,3 l Weißwein • 1 Gläschen Cognac (2 cl) • 500 g Roquefort- oder anderer Edelpilzkäse • 200 g Briekäse • 1/2 Teel. Selleriesamen (gemahlene Selleriesaat, Spice Islands) • 1/2 Teel. Macis (Muskatblüte) • schwarzer Pfeffer

So wird's gemacht: Die Butter zusammen mit dem Wein und dem Cognac im Caquelon erhitzen, bis die Butter geschmolzen ist. Den Roquefort und den Brie in Bröckchen brechen, dazugeben. So erhitzen, daß der Käse schmilzt; er soll nicht kochen. Würzen und auf eine Warmhalteplatte oder auf die schwächste Flamme des Spiritusbrenners stellen.

So schmeckt's am besten: mit Blinis Weisham (Rezept Seite 120) oder Pariser Brot (siehe auch Rezept Seite 119) oder Speck-Zwiebel-Rolls (Rezept Seite 118) in Scheiben geschnitten und auf Teller verteilt. Die Fondue mit einem Schöpfer darübergießen. Sie wird mit Messer und Gabel gegessen.

Junggesellen- oder Campingfondue

4 Eckchen Schmelzkäse zu je 62,5 g • 1 kleine Dose Champignons • 1 Gläschen Kirschwasser (2 cl) • Pfeffer

So wird's gemacht: Den Käse und die abgegossenen Champignons kleinschneiden, in den Caquelon geben und bei kleiner Hitze den Käse schmelzen lassen. Das Kirschwasser dazugeben, mit Pfeffer übermahlen und zu Brotbröckchen servieren.

Unser Tip: Läßt man die Champignons ganz, kann man nach ihnen fischen.

Womit man Käse stippen kann

Wenn Sie Ihre Speisekammer (Kühlschrank, Tiefkühltruhe), die nächste Lebensmittelabteilung im Supermarkt oder die Regale Ihres Feinkosthändlers durchstöbern, werden Sie eine Menge von Dingen finden, die sich dazu eignen, in heißen Käse gestippt zu werden. Neben der Brot- und Brötchenliste (siehe Seite 20) hier einige Vorschläge:
Apfelwürfel; Blumenkohlröschen (in mit Essig gesäuertem Wasser 3 Minuten blanchiert, dann 30 Minuten in eiskaltes Wasser gelegt, abgetropft und mit Edelsüß- oder Rosenpaprika bestäubt); Selleriestückchen; Gurkenwürfel; Paprikaquadrate; Cocktailtomaten; Cocktailwürstchen; Frankfurter oder Wiener Würstchen in Stückchen; Leberkäsewürfel; Würfel von gekochtem oder gebratenem Hühnerfleisch; Kasseler in Würfeln oder Schinkenwürfel; Shrimps oder Langostinos; feste Muscheln; geräucherte Austern; Langustenstückchen; Aalstückchen; Thunfischstückchen; Tintenfisch, passend geschnitten; Wachteleier; Sauerkonserven von Gürkchen über Perlzwiebeln zu Maiskölbchen; getrocknete Pflaumen; gedörrte Aprikosenstücke; Kokosnußstückchen; Paranüsse und so weiter.

Scheiblettenfondue

½ Knoblauchzehe oder 1 Stückchen aufgeschnittene Zwiebel • ¼ l Weißwein (Schweizer, Elsässer oder Mosel-Saar-Ruwer) • 250 g Chesterkäse-Scheibletten • 250 g Emmentaler-Käse-Scheibletten • 1 Gläschen Kirschwasser (2 cl) • weißer Pfeffer

So wird's gemacht: Den Caquelon mit der halbierten Knoblauchzehe oder dem Zwiebelstückchen ausreiben. Den Wein hineingießen und langsam heiß werden lassen. Die Scheibletten in klitzekleine Würfel schneiden, dazugeben und unter ständigem Rühren schmelzen lassen. Mit dem Kirschwasser und dem frisch gemahlenen weißen Pfeffer abschmecken und auf das Tischrechaud stellen.

So schmeckt's am besten: Mit rustikalem Brot, etwa Haferflockenbrot (Rezept Seite 119) ausstippen.

Anmerkung: Bei dieser Fondue kann überhaupt nichts schiefgehen, da die Scheibletten leicht schmelzen und sich nicht absetzen oder scheiden.

Quarkfondue nach Arne

Diese Fondue darf man nach Geschmack noch mit feingehackten Kräutern der Saison grünen.

75 g Butter • 1 kg Sahnequark • ½ l Milch • 1 gestrichener Eßl. Mehl • 1 Prise Salz • 1 Prise Selleriesalz • 3 Tropfen Tabasco • 1 gestrichener Teel. Edelsüßpaprika • 4 Eigelbe

So wird's gemacht: Im Caquelon die Butter zum Zerlaufen bringen. Den Quark mit der Milch glattcremig rühren, dann zur Butter geben und mit dem Mehl zu einer homogenen Masse verarbeiten. Dabei sehr langsam erhitzen. Rühren und rühren: die Masse darf nicht klumpen. Die Gewürze mit den Eigelben verquirlen und in die heiße Quarkfondue rühren. *Nicht kochen lassen!* Aufs Rechaud stellen.

So schmeckt's am besten: Mit Brotbröckchen oder Bleichselleriestückchen auftunken.

Mainzer oder Handkäsfondue

1 Stück Speckschwarte • 1 Knoblauchzehe • 50 g fetter Speck • 600 g Sauermilchkäse (Typ Mainzer oder Harzer) • ¼ l Milch • ¼ l herber Rheinhessenwein • 1 Teel. Zitronensaft • 1 gestrichener Eßl. Kartoffelstärke • 1 Eßl. Weinbrand • Pfeffer

So wird's gemacht: Den Caquelon mit der Schwarte und der geschälten Knoblauchzehe ausreiben. Den Knoblauch dann feinhacken, den Speck kleinwürfeln und zusammen im Fonduetopf anbraten. Den Käse kleinschneiden – der Kümmel kann ruhig daran bleiben. Abwechselnd mit der Milch in den Topf auf dem Herd geben und unter Rühren schmelzen lassen. Den Wein und den Zitronensaft darangießen und aufkochen lassen. In diesem Augenblick das mit Weinbrand glattgerührte Kartoffelmehl (vielleicht darf's auch ein Löffel Weinbrand mehr sein) dazurühren. Aufkochen lassen und kräftig mit Pfeffer übermahlen.

So schmeckt's am besten: Mit Bauern- oder Vollkornbrot tunken.

Kaaspott aus Gouda

In den Niederlanden lernten wir den Kaaspott kennen, ein altes, traditionelles Wintergericht. Er ist nichts anderes als eine Fondue, allerdings mit Käse aus Holland.

1 Knoblauchzehe • 400 g junger Goudakäse • 200 g alter Goudakäse • 0,3 l Rhône-Weißwein oder Sancerre • 2–3 gestrichene Teel. Speisestärke • 1 Teel. Zitronensaft • Pfeffer • geriebene Muskatnuß • 1 Gläschen Genever (2 cl)

So wird's gemacht: Den Caquelon mit der Knoblauchzehe ausreiben. Den jungen Gouda raspeln, den alten Gouda reiben, beide in den Caquelon geben. Zusammen mit dem Wein unter ständigem Rühren bis zum Kochen erhitzen. Weiterrühren, bis aller Käse in der blubbernden Masse geschmolzen ist. Die Speisestärke im Zitronensaft glattrühren, eventuell noch etwas Wein dazugeben, einrühren und wieder aufkochen. Pfeffern, mit Muskatnuß überreiben und den Genever hineingießen. Aufs Rechaud stellen.

So schmeckt's am besten: Holländischen Zwieback in Stücke brechen sowie weiche Weißbrötchen und Salzbrötchen zerschneiden. Auftunken.

Kernhemfondue

Womit und ob in Friesland diese Fondue aufgetunkt wird, konnten wir nicht ermitteln.

1 Knoblauchzehe • 50 g Butter • 1 Zwiebel • 400 g junger Goudakäse • 200 g Kernhemkäse aus Friesland • 0,3 l trockener Weißwein • 1 Teel. Zitronensaft • 2 gestrichene Teel. Speisestärke • 1 Eßl. feingeschnittener frischer Schnittlauch • 2 Eßl. trockener Portwein • Pfeffer nach Wunsch

So wird's gemacht: Den Caquelon mit Knoblauch ausreiben. Die Butter darin zerlaufen lassen. Die Zwiebel feinschneiden und in der Butter goldgelb anrösten. Den Käse raspeln. Die Zwiebel mit etwas Wein und Zitronensaft ablöschen und gleichzeitig den Käse handvollweise hineingeben. Langsam den restlichen Wein hinzugießen und so verfahren wie gelernt. Erst auf dem Rechaud den Schnittlauch und den Portwein unterrühren.

So schmeckt's am besten: Wer will, kann die Fondue pfeffern. Mit gewürfeltem Pariser Stangenbrot servieren.

Bolsfondue

entdeckten wir vor vielen Jahren bei einem Besuch in Amsterdam.

1 Knoblauchzehe • 0,4 l Château Tanesse A. C. Côtes de Bordeaux • 4 Teel. Zitronensaft • 400 g junger Goudakäse • Pfeffer • geriebene Muskatnuß • 4 gestrichene Teel. Kartoffelstärke • 2–4 cl Bols Cherry oder Kirschlikör

So wird's gemacht: Den Caquelon mit der Knoblauchzehe ausreiben. Den Wein mit dem Zitronensaft verrühren, in den gewärmten Topf gießen und eben zum Sieden bringen. Den Käse reiben. Den Wein am Kochpunkt halten und den Käse dazugeben. Unter Rühren zum Schmelzen bringen und mit Pfeffer und Muskat abschmecken. Das Kartoffelmehl im Kirschlikör lösen, dazugießen und nochmals aufkochen lassen.

So schmeckt's am besten: Mit Graubrotwürfeln auftunken. Den gleichen Rotwein dazu trinken.

Weitere Möglichkeiten der Variation haben wir durch die Kochflüssigkeit, wie die nächsten fünf Fondues zeigen.

Buttermilchfondue

Ein amerikanisches Rezept für Teenagerpartys, bei dem man sich eine Art Fertigfondue selbermacht.

500 g Emmentaler Käse • 3 gestrichene Eßl. Speisestärke • ½ Teel. Salz • ¼ Teel. feingemahlener weißer Pfeffer • etwas geriebene Muskatnuß • knapp ½ l Buttermilch • 1 Knoblauchzehe

So wird's gemacht: Den Emmentaler raspeln und mit der Speisestärke, dem Salz, dem Pfeffer und dem Muskat mischen. Im Caquelon die Buttermilch mit der Knoblauchzehe erhitzen. Den Knoblauch wieder herausfischen. Eine Handvoll Käsemischung dazugeben, rühren, bis sie geschmolzen ist, und so fortfahren, bis aller Käse verbraucht ist. Auf das Rechaud stellen.

So schmeckt's am besten: Wie gelernt mit Weißbrotwürfeln austunken.

Fondue einmal anders: die Roquefortfondue wird aus dem ▷ Teller gegessen und nicht aufgetunkt. Rezept Seite 23

Pink-Fondue

Diesen Namen haben wir ihr gegeben, die Idee zur rosa Fondue wurde mangels rezeptgetreuem Wein in einer Schweizer Skihütte erfunden.

1 Knoblauchzehe • 600 g Käse, nach Geschmack gemischt • 0,3 l hellroter Ostschweizer Wein • 1 Teel. Zitronensaft • 3 gestrichene Teel. Kartoffelstärke • 1 Gläschen Kirschwasser (2 cl) • Pfeffer

So wird's gemacht: Die Fondue nach dem Grundrezept (Seite 15) zubereiten.

Anmerkung: Die rosa Farbe ist nur für eingefleischte Fondueesser ungewohnt.

Nützlicher Hinweis: Wir können auch mit einem trockenen Rosé experimentieren. Ansonsten kann man die hellrote Farbe auch durch Tomaten- oder (noch besser) Paprikamark aus der Tube erzielen.

Bierfondue

Diese Fondue wird in Deutschland nach Manhattan verlegt, in den USA jedoch als »Bavarian Fondue« bezeichnet.

¼ l Pils • ⅛ l Altbier • 600 g Chesterkäse • 1 gestrichener Eßl. Speisestärke • 2 Eßl. Wasser • 1 Eßl. Zitronensaft • Pfeffer • 1 Gläschen Steinhäger (2 cl)

So wird's gemacht: Das Bier unter Rühren zum Kochen bringen, den Käse würfeln und nach und nach dazugeben. Rühren, bis er geschmolzen ist. Die Speisestärke im Wasser glattrühren, zusammen mit dem Zitronensaft in den Käsebrei einrühren und aufkochen. Die dickliche Fondue aufs Rechaud stellen, mit Pfeffer übermahlen und den Steinhäger angießen.

So schmeckt's am besten: Gestippt und gerührt wird mit kleinen Roggenbrötchenstücken auf der Gabel oder mit zurechtgebrochenen Laugenbrezen.

Fondue au Champagne

Es gibt Leute, denen ist nichts fein genug. Auch nicht die normale Weißweinfondue. Sie nehmen von allem das Beste.

½ Knoblauchzehe • 400 g Emmentaler Käse • 200 g Greyerzer Käse • 0,3 l Champagner extra dry • 1 Teel. Zitronensaft • 3 gestrichene Teel. Speisestärke • Pfeffer

So wird's gemacht: Die Fondue nach dem Grundrezept (Seite 15) zubereiten, jedoch statt Weißwein Champagner nehmen.

Anmerkung: Bouquet und Goût sollen verblüffend sein. Ich finde, das stimmt nur, wenn man es weiß, daß Champagner (ein sehr trockener Sekt tut die gleichen Dienste) verwendet wurde. Dagegen ist die folgende Methode einleuchtender:

Variante: Die Fondue wie gelernt, aber nur mit 0,2 Litern Weißwein kochen und erst der fertigen Masse ein Glas schäumenden, leicht erwärmten Champagner zufügen.

Fonduta all'Albese con tartufi

Zur ganz feinen Fondueabteilung, zu den Fondues von Format, gehören die mit Trüffeln. Hier ein klassisches Rezept aus Piemont, wo die weißen Trüffeln zu Hause sind.

400 g Fontinakäse • ¼ l Milch • 4 Eier • 1 Eßl. Butter • Salz • weißer Pfeffer • etwa 40 g weiße Trüffeln

So wird's gemacht: Den Käse feinschneiden und 4 Stunden in Milch legen. Die Eier schlagen. Den Käse aus der Milch nehmen, abtropfen lassen und zusammen mit den Eiern und der Butter unter Rühren ganz sanft erhitzen. Der Käse soll schmelzen, die Masse aber nicht kochen, da sonst die Eier gerinnen. Salzen und pfeffern. Wenn das Ganze zu einer dikken Creme geworden ist, auf einer Warmhalteplatte

◁ Meeresgetier verträgt sich besonders gut mit dieser köstlichen Dillfondue. Rezept Seite 30

(kein Rechaud!) auf den Tisch stellen und nur warm halten. Die Trüffeln hauchdünn darüberhobeln.

So schmeckt's am besten: Mit Weißbrot austunken, das in kleinfingerdicke Stäbchen geschnitten wurde. Oder auch einmal mit Blinis Weisham (Rezept Seite 120) probieren.

Nützlicher Hinweis: Fontina bekommt man außer in Spezialgeschäften, die italienische Lebensmittel führen, heute auch in den Käseabteilungen großer Kaufhäuser, genauso den Provolonekäse für die folgende Variante.

Fonduta italiana

Bild Seite 17

300 g Provolonekäse • 300 g Rahmgorgonzolakäse • ¼ l Milch • 4 Eier • 1 Eßl. Butter • Salz • weißer Pfeffer

So wird's gemacht: Wie im vorangegangenen Fonduta-Rezept.

So schmeckt's am besten: Mit Weißbrotwürfeln und frischen, dicken Champignonscheiben auftunken.

Fonduta nach Art des Hotels Danieli

Wie bei vielen professionellen Rezepten gibt es hier keine ganz genauen Rezeptangaben. Dennoch kann man diese Fondue etwa wie folgt bereiten:

500 g Fontinakäse • 4 Eßl. Butter • 3 Eigelbe • etwas guter Weißwein oder helles Bier • Salz • weißer Pfeffer • weiße Trüffeln

So wird's gemacht: Den Fontina würfeln und mit der Butter im Wasserbad zum Schmelzen bringen. Die Eigelbe dazurühren, so daß eine dicke Creme entsteht. Dann den Weißwein oder das Bier hinzufügen. Schlagen und mit wenig Salz und weißem Pfeffer würzen. Die dicke Creme im Caquelon auf einer Warmhalteplatte bei Tisch mit den Trüffeln reichlich überhobeln.

So schmeckt's am besten: Mit Weißbrotstäbchen wie im nebenstehenden Rezept auftunken.

Anmerkung: Man darf sich die Fonduta auch über leicht angetoastete Weißbrotscheiben gießen und sie mit Messer und Gabel essen.

Fondue à la Périgueux

Mit schwarzen Trüffeln werden diese und die nächste Fondue serviert.

1 Knoblauchzehe • 400 g Greyerzer Käse • 200 g Emmentaler Käse • 0,3 l Weißwein (ganz echt trokkener Bergerac, ganz snobby Champagner extra dry) • 1 Teel. Zitronensaft • 3 gestrichene Teel. Speisestärke • 1 Gläschen Marc (2 cl) • weißer Pfeffer • 2 schwarze Trüffeln

So wird's gemacht: Die Fondue nach dem Grundrezept (Seite 15) zubereiten. Zum Schluß die feingehackten oder blättrig geschnittenen Trüffeln über die Fondue streuen.

Anmerkung: Statt des Kirschwassers gehört hierzu ein Marc. Das ist ein Tresterschnaps aus Frankreich, der aus den Traubenrückständen bei der Weinkelterei gebrannt wird; richtig wäre ein Marc de Chablis, am häufigsten gibt es den Marc de Bourgogne.

Fondue à la Périgueux en Grand Gala

400 g Greyerzer Käse • 100 g Vacherin à Fondue • 100 g Walliser Bergkäse • 0,3 l Neuenburger Weißwein • 1 Teel. Zitronensaft • 3 gestrichene Teel. Speisestärke • Pfeffer • 2 Gläschen Marc (4 cl, siehe Seite 35) • 2 schwarze Trüffeln

So wird's gemacht: Die Fondue nach dem Grundrezept auf Seite 15 zubereiten. Am Tisch den vorgewärmten Marc auf den leise köchelnden Käsebrei gießen, ihn noch etwas mehr erwärmen lassen und anzünden. Ist er ausgebrannt, die Trüffeln in Scheibchen schneiden und darüberstreuen.

Anmerkung: Menschen mit Sinn fürs Dekorative stechen aus den Trüffelscheibchen mit Garnierförmchen Glückssymbole aus und geben sie bei Geburtstags- oder Silvesterfeiern auf die Fondue.

Fondue Hermitage

Eine festliche Fondue für Kenner, die ganz ohne Bindemittel gekocht wird.

1 Knoblauchzehe • 0,4 l trockener, herber Weißwein • 1 nußgroßes Stück Butter • 200 g Walliser Bergkäse • 200 g Greyerzer Käse • 1 Gläschen Marc (2 cl; siehe Seite 35) • weißer Pfeffer

So wird's gemacht: Den Caquelon kräftig mit der angeschnittenen Knoblauchzehe ausreiben. Den Weißwein darin bis auf die Hälfte einkochen lassen. Die Butter dazugeben. Den Alpkäse in Scheibchen schneiden und den Greyerzer reiben. In den eingekochten Wein geben und unter ständigem Rühren aufkochen lassen. Den Marc hineingießen und mit der Pfeffermühle darübergehen. Auf dem Rechaud weiterköcheln lassen. Während des Essens mit den Brotstückchen fleißig durchrühren.

Nützlicher Hinweis: Das Rühren ist bei dieser Fondue ohne Bindemittel sehr wichtig, deshalb in Reichweite auch einen Schneebesen am Tisch bereitlegen, damit man ab und zu durchquirlen kann.

Fondue formidable

Vico Torriani erfand sie für seine Fernsehsendung »Hotel Victoria«.

1 Knoblauchzehe • 400 g Greyerzer Käse • 200 g Emmentaler Käse • 0,3 l Neuenburger Weißwein • 1 Teel. Zitronensaft • 3 gestrichene Teel. Speisestärke • 1 Gläschen Williamine (Birnengeist; 2 cl) • Pfeffer

So wird's gemacht: Die Fondue nach dem Grundrezept (Seite 15) zubereiten, jedoch statt Kirschwasser Birnengeist nehmen.

So schmeckt's am besten: Schöne saftige Williamsbirnen schälen, in mundgerechte Bissen schneiden, mit etwas Zitronensaft betropfen, damit sie nicht schnell bräunlich werden. Auf die Gabel stecken und mit Brotwürfeln festhalten. Damit die Fondue auftunken.

Mit den verschiedensten Kräutern und Gewürzen kann man neue Fondues auf den Tisch bringen.

Dillfondue

Bild Seite 28

600 g Greyerzer Käse • 0,3 l Apfelwein • Zitronensaft • 3 gestrichene Teel. Speisestärke • 1 Teel. Kirschwasser • 1 gehäufter Eßl. gehackter frischer oder 2 gestrichene Teel. getrockneter Dill • weißer Pfeffer • 10 Jakobsmuscheln • 500 g ausgelöste Scampi

So wird's gemacht: Die Fondue wie gelernt (Grundrezept Seite 15) kochen, aber nur wenig Kirschwasser verwenden, damit das Dillaroma nicht zerstört oder übertönt wird. Den Dill, vor allem den getrockneten, schon in der Küche dazugeben, damit er am Tisch noch mitköcheln kann. Die Jakobsmuscheln in Scheibchen schneiden und mit Zitronensaft beträufeln. Mit den Scampi dekorativ anrichten.

So schmeckt's am besten: Muscheln und Scampi alleine oder zusammen mit Weißbrot aufgespießt in die Fondue tunken. Vor allem Scampi, Langostinoschwänze oder auch Krebsschwänze vertragen sich gut mit Dill.

Unser Tip: Statt Kirschwasser kann man den dillfreundlichen Aquavit zum Würzen verwenden.

Fondue à la mode

wird eine weitere Fondue genannt, die mit Krustentieren am besten schmeckt. Scampi (auch Langustenschwänze oder Kaisergranat genannt) oder Langostinos lassen sich gut aufspießen.

1 Knoblauchzehe • 400 g Emmentaler Käse • 200 g Sbrinzkäse • 0,3 l Neuenburger Weißwein • 1 Teel. Zitronensaft • 3 gestrichene Teel. Speisestärke • 2 Teel. Kirschwasser • 1 Eßl. gehackter Dill • 1 Teel. gehackter Kerbel • Pfeffer

So wird's gemacht: Die Fondue nach dem Grundrezept (Seite 15) zubereiten. Mit den Kräutern würzen und grün sprenkeln.

So schmeckt's am besten: Zum Auftunken neben Scampi, Champignonköpfchen und Perlzwiebelchen auch Weißbrot servieren.

Fondue riche

Eine »reiche« Fondue, weil wir neben Brot noch viel Buntes zum Stippen anbieten.

½ Knoblauchzehe • 400 g Greyerzer Käse • 0,2 l Weißwein • 1 Teel. Zitronensaft • 3 gestrichene Teel. Kartoffelstärke • 1 Gläschen Kirschwasser, Grappa oder Enzian (2 cl) • Pfeffer

So wird's gemacht: Die Fondue nach dem Grundrezept (Seite 15) zubereiten. Statt Kirschwasser kann nach Geschmack auch Grappa oder Enzian genommen werden.

So schmeckt's am besten: Die Brotwürfel werden geröstet, außerdem stippt man mit sauer eingelegten Maiskölbchen, gefüllten Oliven, gerollten und gefüllten Sardellenfilets, Salami- oder Schinkenwürfelchen.

Das Schneiden und Raspeln von Käse

Damit Käse beim Rühren einer Fondue gut schmilzt, muß er vorher zerkleinert werden. Es gibt dafür fünf Möglichkeiten: 1. das Würfeln des Käses, 2. das in feine Scheibchen Schneiden, 3. das Raspeln auf einer groben Reibe, am besten einer Rösti-Raspel, 4. das dünne Hobeln und 5. das feine Reiben auf einer Käsereibe. Welche Form der Zerkleinerung man vorzieht, hängt von der Konsistenz und dem Alter des oder der verwendeten Käse ab. Weiche oder junge Käse schneidet oder raspelt man, harte und alte Käse kann man nur reiben, weil die anderen Zerkleinerungsarten zu langwierig sind und der Käse so grob zerkleinert zu langsam schmelzen würde.

Hier eine Übersicht, wie man die wichtigsten Käsesorten vorbereitet. Beachten Sie auch den »Steckbrief für 30 Fonduekäse« auf Seite 36:

Allgäuer Emmentaler wird geraspelt • Appenzeller gibt man als Würfelchen der Käsemasse bei • Edamer wird in Scheibchen geschnitten oder geraspelt • Freiburger Vacherin wird in Scheibchen geschnitten oder geraspelt • junger Gouda wird geraspelt, alter wird gerieben • Greyerzer wird feingehobelt oder gerieben • Sbrinz wird gehobelt oder gerieben • Schweizer Emmentaler wird gerieben • Tilsiter wird feingewürfelt oder geraspelt • Walliser wird in Scheibchen geschnitten oder geraspelt.

Anmerkung: Je reifer der Käse, desto besser die Fondue.

Weitere Würzfondues – kurz notiert

Das Grundrezept der Neuenburger Fondue (Seite 15) kann auf vielerlei Art verändert werden:

Curryfondue

So wird's gemacht: Den Käsebrei kräftig mit Currypulver würzen, bis er eine gelbliche Farbe hat.

So schmeckt's am besten: Neben Brot Mangochutney oder Ingwer in Würfelchen servieren, die mit dem Brot zusammen aufgespießt und eingetunkt werden.

Unser Tip: Wer Curry nicht mag, aber kräftiges Gelb liebt, gibt Safran in die Fondue.

Fondue mit Kümmel

So wird's gemacht: 1–2 Teelöffel Kümmel schon beim Zubereiten in den Käsebrei geben, das würzt am kräftigsten; oder den Kümmel separat am Tisch servieren, und jeder würzt sich seine Bissen nach Lust und Geschmack.

Variante: Mit gemahlenem Kümmel (½–1 Teelöffel) schmeckt die Fondue nochmal anders.

Teufelsfondue

So wird's gemacht: Unter die fertige Fondue bei Tisch bis zu 1 Teelöffel Tabasco rühren.

Anmerkung: Tabasco gibt der Fondue einen rassigen bis scharfen Geschmack, der den Durst anregt und zum Auftunken nach kräftigem Brot oder auch nach Blinis Weisham (Rezept Seite 120) verlangt. Auch Scampi oder Langustenschwänze mögen diese Schärfe.

Fondue mit Senf

So wird's gemacht: Unmittelbar vor dem Servieren 1 Eßlöffel scharfen Senf oder 1 Teelöffel englisches Senfpulver in die Fondue rühren. Gleichzeitig 1 Tropfen Tabasco und frischgemahlenen schwarzen Pfeffer dazugeben.

Unser Tip: Läßt sich auch gut mit Würstchen- oder Fleischkäsestückchen auftunken.

Knoblauchfondue

So wird's gemacht: Die Fondue nicht, wie gelernt, nur durch das Ausreiben des Caquelons mit einem Hauch von Knoblauch versehen, sondern in der Käsemasse feingehackten Knoblauch (etwa 3 Zehen) mitkochen, oder aber vor dem Auftragen mit dem Saft von 2–3 Knoblauchzehen verrühren.

Fondue mit Bratensauce

So wird's gemacht: 2 Eßlöffel Bratensauce (übriggebliebene oder aus der Tube) bei Tisch unter den Käse rühren.

Estragonfondue

So wird's gemacht: Drei Tage vor dem Fondue-Essen den Wein mit einigen Blättchen Estragon ansetzen. Ziehen lassen. Den Käse mit dem so gewürzten Wein kochen.

Pilzfondue Nummer eins

So wird's gemacht: Unter die fertige Fondue vor dem Auftragen pro Person 50 g frisch geschmorte, abgetropfte und kleingeschnittene Pilze geben. Besonders geeignet sind Pfifferlinge, Steinpilze, Champignons oder Maronenröhrlinge.

Pilzfondue Nummer zwei

Hierfür bereitet man sich gleich einen Vorrat, da die Arbeit etwas mühsam ist.

So wird's gemacht: 50 g getrocknete Pilze (Steinpilze, Herbsttrompeten) im Mörser mit ½ Teelöffel Muskatblüte zu feinem Pulver mahlen. Dicht verschlossen aufbewahren. Jeweils 1 Teelöffel davon unter die fertige Fondue rühren.

Anmerkung: Im übrigen ist dieses Pulver so ideal zum Würzen von Saucen und Schmorfleisch, daß Sie es schnell aufgebraucht haben werden.

Italienische Fondue

So wird's gemacht: Zur kochenden Fondue 1 Eßlöffel Tomatenmark, 1 Teelöffel getrocknetes, zerriebenes Basilikum und 1 Eßlöffel ganz fein gewürfelte Salami geben.

Schnittlauchfondue

So wird's gemacht: Die Fondue vor den Gästen mit 1 oder 2 Eßlöffeln ganz frisch geschnittenem Schnittlauch bestreuen.

Olivenfondue

So wird's gemacht: Einer herzhaften Greyerzerfondue schon in der Küche beim Schmelzen 8 in dünne Scheiben geschnittene, mit Pimientos gefüllte Oliven, 3 kleingeschnittene Sardellen und 1 feingehackte Knoblauchzehe zufügen.

Bauerngartenfondue

So wird's gemacht: Bei Tisch insgesamt 2 Eßlöffel frisch gehackte Kräuter, hauptsächlich Petersilie, wenig Estragon und etwas Minze, sowie 50 g kleinstgewürfelten, kroß gebratenen Speck zufügen. Oder Baconscheiben (Frühstücksspeckscheiben) ganz trocken braten und dann über der Fondue zerkrümeln.

Zwiebelfondue

Zum Abschluß eine Würzfondue, die wir besonders gerne mögen und jeweils etwas anders zubereiten.

1 Knoblauchzehe • 400 g Greyerzer Käse • 200 g Emmentaler Käse • 0,3 l herber Weißwein • 1 Teel. Zitronensaft oder Knoblauchessig • 3 gestrichene Teel. Speisestärke • 1 Gläschen Cognac (2 cl) • schwarzer Pfeffer • 1–2 große Zwiebeln • 1 Eßl. Butter

So wird's gemacht: Die Fondue nach dem Grundrezept (Seite 15) kochen. Gleichzeitig die Zwiebeln feinhacken und in der Butter weich braten. Keine Farbe annehmen lassen. In die heiße Käsemasse geben und noch einige Zeit mitköcheln lassen.

Varianten: 10 kleine Zwiebelchen (Schalotten) von Anfang an in der Fondue mitkochen. Oder die Zwiebeln in etwas ausgelassenem Speckfett braun und knusprig werden lassen und vor dem Auftragen untermengen. Oder 2–3 Eßlöffel fertige Röstzwiebeln unter die Käsemasse mischen. Oder 2 Eßlöffel eingelegte Perlzwiebelchen von Anfang an mitkochen, Zitronensaft oder Essig weglassen.

Unser Tip: Diese Fondue schmeckt besonders gut, wenn man neben den Brotbröckchen auch noch Wurstwürfel, fingergliedgroße Stückchen von Frankfurter oder Wiener Würstchen zum Austunken mitserviert.

Damit wären wir bei der nächsten Abteilung unserer Fonduemöglichkeiten. Hier liegt die Variation bei dem, womit man die Fondue austunkt.

Beefburgerfondue

Beginnen wir mit der bekanntesten dieser Art.

Fonduezutaten nach Grundrezept (Seite 15), jedoch nur 400 g Käse • 0,2 l Wein • 2 gestrichene Teel. Speisestärke
Für die Beefburgers: 1½ Brötchen • 150 g gehacktes Rindfleisch • 150 g gehacktes Schweine- oder Lammfleisch • 1 Zwiebel • 1 Eßl. Sangrita picante • 1 Ei • Salz • Pfeffer • gehackte Petersilie • etwas Majoran • etwas Mehl oder Semmelbrösel • Öl

So wird's gemacht: Die Fondue wie gelernt bereiten (Grundrezept Seite 15). Für die Beefburgers die Brötchen einweichen und ausdrücken. Die Zwiebel reiben. Brötchenmasse und Zwiebel mit allen übrigen Zutaten von Hackfleisch bis Majoran zu einem pikant schmeckenden Teig verkneten. Mit nassen Händen kirschgroße Kugeln formen, im Mehl oder den Semmelbröseln wenden und in heißem Öl schwimmend oder in der Fritüre knusprig braten. Sie werden statt Brot zum Auftunken serviert.

Parmentier-Fondue

Benannt nach Antoine Parmentier, dem französischen Apotheker, Vorkämpfer für den Kartoffelanbau und Erfinder der Kartoffelsuppe.

Fonduezutaten nach Grundrezept (Seite 15) • Kümmel • 1 Gläschen Wodka (2 cl) • 1 kg festkochende Kartoffeln

So wird's gemacht: Die Fondue mit Kümmel würzen und mit Wodka alkoholisieren. Die Kartoffeln nicht zu weich kochen, schälen, schneiden und anstelle von Brot mit der Gabel in den Käse stippen.

So schmeckt's am besten: Zusätzlich können Cornichons serviert werden und kleine Würfel Leberkäse.

Anmerkung: Lesen Sie zum Thema Kartoffeln die Anmerkung bei Fondue Ranchero auf Seite 84.

Bananenfondue

Dazu trinken wir am liebsten einen milden Rosé und stellen noch Mangochutney dazu.

Fonduezutaten nach Grundrezept (Seite 15), jedoch nur Emmentaler Käse
Dazu pro Person: 2 Eßl. Corn-flakes • 2 Bananen

So wird's gemacht: Die Fondue wie gelernt bereiten. Vor jeden ein Schälchen mit zerbröselten Corn-flakes und ein Tellerchen mit in bißgroße Stücke geschnittenen Bananen stellen. Den Käsebrei auf ein Rechaud stellen. Die Bananenstückchen eintunken und dann in die Corn-flakes stippen.

Variante: Statt der Corn-flakes Kokosraspeln servieren – das ist dann fast fernöstlich.

Spanische Fondue

Kräftiger spanischer Rotwein aus dem Rioja macht diese Fondue zu einer besonderen Delikatesse.

Fonduezutaten nach Grundrezept (Seite 15), jedoch 400 g Emmentaler und 200 g Ziegenkäse
Dazu pro Person: 5–10 Oliven, gefüllt mit Paprika • 5 Oliven, gefüllt mit Mandeln • 5 Oliven, gefüllt mit Sardellen • Haferflockenbrot (Rezept Seite 119)

So wird's gemacht: Die pikante Fondue wie gelernt bereiten und mit den Oliven und den selbstgebackenen Brotwürfeln auftunken.

Unser Tip: Natürlich können Sie auch Baguette- oder andere Brotwürfel dazu servieren.

Französische Käsefondue

Es ist noch nicht lange her, da war es mühsam und schwierig, die Käsesorten für diese Fondue bei uns zu kaufen.

200 g Beaufortkäse • 200 g Greyerzer Käse • 100 g Cantalkäse • 2 gestrichene Eßl. Mehl • 1 Knoblauchzehe • 1/4 l Chablis oder Sancerre • Salz • Pfeffer • 1 1/2 Eßl. Butter • 4 Eßl. Sahne • 3 Eßl. Kirschwasser

So wird's gemacht: Den Käse schneiden und zusammen mit dem Mehl in eine Tüte oder einen Plastikbeutel geben und gut durchschütteln. Die Knoblauchzehe im Wein erhitzen und herausnehmen. Den Käse nach und nach in den sehr heißen Wein geben und unter Rühren vorsichtig zum Kochen bringen. Der Käse soll jeweils geschmolzen sein, bevor der nächste dazukommt. Salzen, pfeffern, die Butter unterrühren und in die eben blubbernde Masse teelöffelweise die Sahne geben. Ist die Creme dick, das Kirschwasser dazugießen.

So schmeckt's am besten: Mit Bröckchen von Pariser Brot (siehe auch Rezept Seite 119) auftunken.

Nützlicher Hinweis: Ist die Creme zu dick, mit heißem Wein etwas verdünnen.

Pizzafondue

Hier werden von den Amerikanern zwei Kulinaria mit einem Löffel geschlagen: die importierte und heißgeliebte Pizza und die ebenso geliebte Fondue.

1 Knoblauchzehe • 1 Zwiebel • 100 g gehacktes Beefsteak • 2 Eßl. Butter • 350 g Fontinakäse • 150 g Mozzarellakäse • 0,2–0,3 l Weißwein • 1 gestrichener Eßl. Speisestärke • 1 Teel. Zitronensaft • Pfeffer • 1 Teel. getrockneter Oregano

So wird's gemacht: Den Caquelon mit der Knoblauchzehe ausreiben. Die Zehe kleinschneiden, die Zwiebel feinhacken, beides zusammen mit dem Beefsteakhack in der Butter anschmoren. Hat alles Fleisch seine rote Farbe verloren und ist krümelig geworden, den Fontina und den Mozzarella kleinschneiden und dazugeben. Mit Wein angießen und zum Kochen bringen. Die Speisestärke mit dem Zitronensaft mischen und zu dem geschmolzenen Käse geben. Gut rühren und mit Pfeffer und zerriebenem Oregano würzen.

Die Schnäpse zur Fondue

Zur Käsefondue wird gerne ein Schnaps als Gewürz verwendet und ein Schnaps als Schluck aus dem Glas. Zum Ritual gehört, daß dieser Schluck getrunken wird, wenn der Fonduecaquelon zur Hälfte geleert ist. Er heißt deshalb »Le coup du milieu«.

Da die Fondue aus der Schweiz stammt, ist der übliche Schnaps ein Kirschwasser oder ein Zwetschgen- oder Pflümliwasser. Wässer sind Obstbranntweine, bei denen die Früchte ohne Zusatz von Zucker vergoren werden. Sie haben bis 45 Prozent Alkohol. Man kann auch einen Birnenbrand nehmen, aber nur die edlen Sorten, die in ihrer Herstellung ein »Wasser-Geist« sind: aus Früchten ohne Zucker wird der Alkohol gewonnen (Wasser), in dem wieder Früchte angesetzt und destilliert werden (Geist).

Ausgezeichnete Fondueschnäpse sind die Marcs. Es sind besonders sorgfältig gebrannte Tresterschnäpse (Trester heißt der Rückstand, der bei der Weinherstellung nach Pressen des Mostes übrigbleibt) von rundem, vollem Geschmack. Empfehlenswert die verschiedenen Marc de Bourgogne, Marc de Champagne, Marc de Gewürztraminer oder aus der Schweiz Marc de Dôle.

Ebenso kann man Fondue mit Grappa würzen und Grappa dazu trinken. Hier empfehlen wir die Grappa di Dolcetto Alba. Es gibt sie aber aus allen italienischen Weinbaugebieten.

Alle anderen Schnäpse sind für Spezialrezepte oder durch individuelle Vorlieben bedingt.

Ein schönes gemeinsames Käseessen ist die Raclette. Hier ▷
wird in Portionspfännchen geschmolzen. Rezept Seite 40

So schmeckt's am besten: Mit leicht angetoasteten Knoblauchbrotwürfeln (Rezept Seite 124) austunken. Als »Le Coup du milieu« einen Grappa trinken.

Mexikanische Fondue – kalt serviert

8 Eßl. Chiliketchup • 2 Ecken Rahmfrischkäse (Gervais) • 1 Eßl. Zitronensaft • 2 Teel. Chilipulver • 1 Messerspitze Knoblauchpulver • ¼ Teel. Tabasco • ¼ l saure Sahne • 2–3 Eßl. trockener Sherry

So wird's gemacht: Alle Zutaten so miteinander verschlagen, daß eine dicke Sauce entsteht, die würzig-scharf sein soll.

So schmeckt's am besten: Mit Käsecrackers oder anderem Käsegebäck, mit Brotwürfeln, mit dünnen Toaststreifen oder mit Kartoffelchips auftunken.

Steckbrief für 30 Fonduekäse

Allgäuer Emmentaler, mattgelber Hartkäse, milder nußartiger Geschmack, mit 6 Monaten geraspelt gut zu schmelzen.
Appenzeller, zart und halbhart. Aroma rassig, als Beikäse zur Fondue 1 Stunde in Apfelwein weichen lassen.
Asagio, harter, körniger Kuhkäse aus Vicenza, Italien. Scharfer, herzhafter Geschmack. Gerieben als Würzkäse zur Fondue.
Beaufort, harter Käse aus Savoyen. Ergänzt den Greyerzer (50:50) hervorragend zu einer rassigen Fondue.
Bel Paese, italienische Handelsmarke für Butterkäse. Sehr mild und sahnig. Zum Schmelzen mit härteren Käsen kombinieren.
Caerphilly, Käse aus Wales, halbweich. Wird gerieben oder geraspelt. Klassischer Käse für Welsh Rarebits, die man in weiter Auslegung als Messer-und-Gabel-Käsefondue bezeichnen kann.
Cantal, ältester französischer Käse, würzig und halbhart. Vor dem Einkauf probieren, da im Geschmack sehr unterschiedlich.
Cheddar, englischer Hartkäse von bröckeliger Struktur, Geschmack mild. In den USA populärster Fonduekäse. Gut zu würfeln.
Chester, englischer Hartkäse, der bei jüngstem Reifegrad mild, bei ältestem würzig-scharf schmeckt. Kann ohne Beimischung zur Fondue verwendet werden, da er leicht und problemlos schmilzt.
Comté, französischer Hartkäse, ähnelt dem Greyerzer. Wird deshalb in Amerika viel zu Fondues verwendet.
Danbo, Schnittkäse aus Dänemark, manchmal mit Kümmel. Kann als Beikäse in Fonduemischungen verwendet werden.
Edamer, milder Schnittkäse aus Holland, als rote, paraffinierte Kugel im Handel. Als junger Käse mild; eignet sich dann gut zur Fondue, allein oder zusammen mit herzhafteren Sorten.
Emmentaler, Schweizer Hartkäse mit großen Löchern. Geschmack sanft, schwach an Haselnüsse erinnernd. Vollreif mit Tränen von Salzwasser in den Löchern, rassig im Geschmack. Bildet zusammen mit Greyerzer die klassische Fonduemischung.
Fontina, fetter italienischer Käse von zartem Aroma. Von fast süßlichem Geschmack, im Mund zerschmelzend. Basis für die italienische Form der Fondue, die Fonduta.
Gouda, vollfetter Schnittkäse aus Holland. In drei Altersstufen beziehungsweise Reifegraden auf dem deutschen Markt: 1. Junger Gouda, sahnig, zart, mild und weich, 5–8 Wochen alt, schmilzt gut aus und verbindet sich leicht und eng mit allen anderen Zutaten. Besonders geeignet für eine Kinderfondue. 2. Mittelalter Gouda, herzhaft, würzig und fester, 2–6 Monate alt, wird ebenfalls gut weich. 3. Alter Gouda, besonders herzhaft und pikant, älter als 6 Monate, läßt sich gut reiben und ist als Würzkäse in Mischungen besonders geeignet.
Greyerzer oder Gruyère, Bruder des Emmentalers aus dem Welschland. Ein Hartkäse aus der Westschweiz mit wenigen erbsengroßen Löchern. Kleine Risse weisen auf besonders guten Käse hin. Würzig und spitzer im Geschmack als der Emmentaler. *Der* Fonduekäse!
Havarti, dänische Version des Tilsiters, halbfest mit größeren und kleineren Löchern. Von feinsäuerli-

◁ Auch Käse können wir in Öl braten, also eine Käsefondue bourguignonne machen. Rezept Seite 45

chem Geschmack. Gibt der Fondue eine zusätzliche Geschmacksnote.

Montasio, harter italienischer Käse, den man gerieben als Gewürz zu einer Fondue gibt, ähnlich wie einen Parmesan.

Mozzarella, weißer, leicht säuerlicher Weichkäse aus Italien, für Pizza unerläßlich. In der Fondueküche kann man ihn zu mit Milch gekochten Fondues verwenden; verträgt keinen Wein, muß vorsichtig erhitzt werden.

Mysost, süßer norwegischer Hartkäse, aus Ziegen- und Kuhmilch gemischt. Farbe dunkelbraun-orange. Wird mit einem Hobel abgeraspelt, schmeckt wie eine Art Sahnebonbon und kann als interessante Fonduewürze verwendet werden.

Parmesan (italienisch Parmigiano), halbfetter Hartkäse mit dunkler Außenseite. Körniger Teig, der im Bruch Schuppen bildet. Würzig und auf der Zunge zerschmelzend. Gibt in geriebener Form jeder Fondue einen zusätzlichen, rezenten Geschmack.

Pecorino, italienischer Schaf-Hartkäse, der wie ein kleiner Parmesan aussieht. Pikanter Geschmack. Ebenfalls als Würzkäse – gerieben – zu Fondues zu verwenden.

Provolone, in Schnüre eingebundener italienischer Schnittkäse mit goldgelbbrauner Rinde und weißgelbem Teig. Jung schmeckt er süß und butterartig, gereift pikant bis scharf. Für Fondues sollte man ihn mit Greyerzer oder Emmentaler mischen.

Samsø, dänischer Schnittkäse, großlöcherig, von nußartigem Geschmack. Frischer Samsø ist recht mild, gereifter entsprechend schärfer. Schmilzt gut und ist ähnlich wie Emmentaler zur Fondue zu verwenden.

Sbrinz, Hartkäse aus der Zentralschweiz, Reifungszeit 2–3 Jahre. Wenige, höchstens stecknadelkopf große Löcher. Als Würzkäse wird er gehobelt oder gerieben zur Fondue gegeben. Zieht in geschmolzenem Zustand überhaupt keine Fäden.

Schabzieger, fester Magermilchkäse aus dem Glarner Land in der Schweiz. Mit Ziegenklee und anderen Kräutern hergestellt, deshalb grün. Würzig-herbes, unverwechselbares Aroma. Wird in die Fondue als Würzkäse gerieben oder aber zur Glarner Fondue verwendet.

Tilsiter, fester Schnittkäse von goldgelber Farbe mit winzigen Löchern. Der bekannteste Käse deutscher Lande. Von herbem, leicht säuerlichem Geschmack, äußerst appetitanregend. Reifer Tilsiter eignet sich ausgezeichnet für eine rassige Fondue. Er braucht nicht mit anderen Sorten gemischt zu werden.

Vacherin à Fondue, nicht zu verwechseln mit dem flachen, tortenartigen rahmigen Butterkäse gleichen Namens, der in den Wintermonaten in Spanschachteln verkauft wird. Der Vacherin à Fondue (auch Freiburger Vacherin) ist viel dicker, braucht zur Reife 3 Monate und wird zur Freiburger Fondue gebraucht. Er darf nicht kochen.

Velveta, Schmelzkäse-Marke, in drei Fettstufen erhältlich. Aus ihnen läßt sich rein oder gemischt kinderleicht eine Fondue herstellen.

Walliser (Gomser, Bagnes), Käse aus den Schweizer Hochalpen. Sehr weichschnittig, da recht fett. Sein Aroma ist blumig, reich und rahmig. Er ist der ideale Raclettekäse (siehe Rezept Seite 40), läßt sich aber auch als Zusatz zu Fondues verwenden.

Anmerkung: Jede Qual der Wahl unter den Käsen für Ihre Fondue nehmen Ihnen die industriell gefertigten *Fonduemischungen* ab. Bei uns sind auf dem Markt und jeweils für 2 Personen empfohlen: Adler Käse-Fondue, Formalp Fondue, Gerber Fondue, Fondue Helvetia und von der Firma Kraft die Schweizer Fondue, die mit Wein, Kirschwasser und allen Zutaten abgepackt ist.

Raclette – geschmolzener Käse

Sozusagen als Nachtrag zur Käseabteilung noch ein schönes gemeinsames Käseessen: die Raclette. Sie ist sogar das Urbild aller geschmolzenen Schweizer Käsegerichte. Lassen wir sie uns zunächst literarisch erzählen, und zwar von Johanna Spyri in »Heidis Lehr- und Wanderjahre«, wo der Alp-Öhi den Käse brät: »Der Alte setzte sich auf den hölzernen Dreifuß mit dem runden Sitz und blies ein helles Feuer an. Im Kessel fing es an zu sieden, und unten hielt der Alte an einer langen Eisengabel ein großes Stück Käse über das Feuer und drehte es hin und her, bis es auf allen Seiten goldgelb war . . . Jetzt kam der Großvater mit einem Topf und dem Käsebraten an der Gabel zum Tisch heran und legte den Braten auf

das Brot als Unterlage ... Das Kind biß vergnüglich in sein Brot, nachdem es von dem weichen Käse daraufgestrichen, denn der war, so gebraten, weich wie Butter, und das schmeckte ganz kräftig zusammen, und zwischendurch trank es seine Milch.« Wollen wir das auch mal probieren?
Im Wallis selbst und in vielen Walliser Restaurants wird in der kalten Jahreszeit ein ausgereifter Gomser Käse halbiert und mit der Schnittfläche so lange gegen ein offenes Holzfeuer gehalten, bis die Oberfläche zu schmelzen beginnt. Teller, so vorgeheizt, daß man sie nur mit einem Tuch anfassen kann, stehen bereit, und genau im richtigen Augenblick – das lernt man erst nach gewisser Übung – wird mit einem Schaber oder großen Messer die flüssige Käseoberfläche auf den Teller gestreift. Zwei geschälte Pellkartoffeln dazu, zwei Perlzwiebelchen, ein Cornichon oder ein Stück Gewürzgurke – und schon wird serviert und muß gleich gegessen werden. Denn der Käse ist am besten, wenn er noch ganz heiß und ziehend flüssig ist.
Es gibt einen Spezialapparat oder Raclette-Ofen von der Firma Melior, der sich für große Einladungen oder häufigen Gebrauch lohnt, da er einen halben Käselaib von 3,5 kg aufnehmen und portionsweise schmelzen kann.

Das Raclette-Rezept

Bild Seite 37

Gomser oder Bagnes Käse • Pellkartoffeln • eingelegte Zwiebelchen • eingelegte Gurken • Salz • Pfeffer

So wird's gemacht: Gomser oder Bagnes eignen sich am besten für die Raclette, da sie beide wegen ihres hohen Fettgehalts leicht schmelzen und sahnig bleiben. Wichtig ist, daß der Käse eine große Schnittfläche hat. Ist ein Kamin vorhanden, den Käse mit einer Grillgabel an die Glut halten und das Geschmolzene, wie oben beschrieben, mit einem Messer mit gerader Klinge auf die heißen Teller abstreifen. Der Hausherr, der hier den Raclette-Koch spielt, kommt dabei kaum zum Essen. Denn wenn der erste Gast seine Portion aufgegessen hat, dürfte selbst ein geschickter Gastgeber gerade einmal herum sein.

Wichtig: Teller heiß und die Käseportionen so klein halten, daß sie nicht auskühlen und zäh werden können.

Nützlicher Hinweis: Haben Sie keinen Gomser, dann tut es ein fetter Tilsiter auch.

So schmeckt's am besten: Dazu einen würzigen Rotwein, am besten einen Dôle, trinken.

Unser Tip: Wer keinen Kamin hat und auch keinen Spezialapparat oder Raclette-Ofen, läßt in einer teflonbeschichteten Pfanne oder in einem Portionspfännchen eine dicke Scheibe Käse ohne jede Zutat schmelzen.
Nächste Möglichkeit: Feuerfeste Teller einbuttern, dicke Scheibe Käse darauf und im vorgeheizten Rohr oder Grill schmelzen lassen. Neuerdings gibt es auch kleine viereckige, beschichtete Pfannen, mit denen sich jeder auf einem Kleinrechaud sein Essen selber brät. In so ein trockenes Pfännchen eine dicke Scheibe passenden Käse legen, ihn zum Schmelzen bringen, das Pfännchen auf ein Brett stellen – und fertig ist die Do-it-yourself-Raclette.

Fleisch und anderes im Öltopf

Aus der Käseabteilung treten wir jetzt in das Fett-Departement: hier werden die Zutaten in heißem Fett gebraten.
Die bekannteste Fondue dieser Art heißt Fondue bourguignonne oder, wenn Ihnen das Wort zu schwierig ist, schlicht Fleischfondue, und hat mit dem Käsegemisch nur noch das gemeinsame Essen aus einem Topf gemein. Sonst wird bei diesem Bratespiel weder etwas eingeschmolzen (fondre) noch stammt es aus Burgund (Bourgogne) – es ist vielmehr der auf den Tisch gewanderte Fettopf, in dem nicht mehr der Koch, sondern jeder der Gäste sich selbst sein Fleisch brät.
In Restaurants, in denen diese Fondue serviert wird, lassen wir sie uns auch kommen, denn es ist schon eine Zumutung, in Nachbarschaft einer Fonduerunde etwas anderes zu essen: der Bratgeruch ist selbst bei bestem frischestem Fett doch aufdringlich.
Man hat nun versucht, diesem Modeessen eine lange und alte Geschichte anzuhängen. Das stimmt allgemein, wenn man das Fritieren an sich meint, und im besonderen, wenn man die Geschichte der einzigen japanischen Fondue, die sich »Tempura« nennt, betrachtet.
Im 16. Jahrhundert waren Portugiesen als erste Fremde nach Japan gekommen, die wiederum Jesuiten nachkommen ließen, um die Japaner zum Christentum zu bekehren. Das gab Ärger und endete mit der Ausweisung aller Europäer im Jahre 1638. Während die Jesuiten festgestellt hatten, daß die Fisch-, Gemüse-, Kräuter- und Obsternährung der Japaner gut war: »Diese Menschen leben wunderbar gesund, und es gibt viele alte Leute unter ihnen«, übernahmen die Japaner das Fettgebackene von den Eindringlingen. Wie alles Fremde wurden auch diese Rezepte auf erstaunliche Weise japanisiert, indem man einen leichteren Teig und leichteres Öl nahm. Nur das Wort dafür behielten sie bei, es hat lateini-

schen Ursprung und bedeutet »Zeiten«, präzise »Fastenzeiten«, an denen man in Teig gebackene Krabben und andere Meerestiere aß.
Die »Burgunder Fondue« ist viel, viel jünger. Sie begann in den fünfziger Jahren unseres Jahrhunderts ihren Siegeszug von der Schweiz aus und ist sehr wahrscheinlich die Erfindung eines Schweizer Gastronomen, der seine Gäste statt um den Käse- um den Öltopf versammelte. Zum ersten Male abgedruckt wurde das Rezept unter dem abenteuerlichen Namen »Mormo di Türk« in der »Annabelle«, der größten Schweizer Frauenzeitschrift.
Vielleicht ist dieses Gericht in den Gasthäusern aller Welt so beliebt geworden, weil es gut in eine Zeit paßt, in der es an Personal mangelt, und weil auch der schlechteste Koch nichts daran verderben kann, wenn das Öl nicht alt und das Fleisch nicht zu jung ist. Das Rezept muß man breit erzählen:

Grundrezept zur Fondue bourguignonne

Bild Seite 48

600–800 g Rinderfilet oder Roastbeefkopf oder Lende oder Kluft • 1 l Öl

So wird's gemacht: *Das Fleisch* soll möglichst zart, abgehangen, fett- und sehnenlos sein. Am besten gelingt diese Fondue, wenn Sie es am Vortag in kleine Würfel schneiden und in Olivenöl tauchen. Eine flache Schüssel mit Zwiebelscheiben auslegen, das Fleisch daraufgeben, mit grobgemahlenem schwarzem Pfeffer (versuchen Sie einmal Lemonpepper), Salz und Majoran würzen und mit Zwiebelscheiben bedecken. Die Schüssel mit Alu- oder Plastikfolie verschließen und 12–24 Stunden in den Kühlschrank stellen. Dann haben Sie das aromatischste und zarteste Fonduefleisch.
Am Tag der Fondueparty die Fleischwürfel abtrocknen und auf einem großen Holzbrett für alle oder auf Brettchen in Einzelportionen anrichten. Schwein und Kalb empfehlen sich nicht so sehr – wie ich überhaupt gegen das Mischen verschiedener Fleischsorten bin, da man sich bei jedem Bissen vertun kann und mit Sicherheit das Schweinefleisch zu kurz und den Ochsen zu lang brät. Von roher Leber möchte ich im allgemeinen abraten, weil sie das Öl zum Spritzen bringt und schnell hart wird.

Sehr wichtig: das Fleisch muß gut abgetrocknet sein, da in dem heißen Öl jeder Tropfen Wasser zu Explosionen führt.
Das Gefäß für das Öl ist entweder aus Kupfer, aus Stahl oder aus emailliertem Gußeisen. Einen Fonduecaquelon aus Ton oder glasierter Keramik würde ich nicht nehmen. Einmal weil Öl in die Poren gebrannt wird, und das ranzelt nach einiger Zeit, zum anderen, weil so ein Keramikgefäß nicht unbedingt den Hitzegraden kochenden Öls (um 200 Grad) gewachsen ist. Wenn so ein Gefäß mit dem Öl darin über dem brennenden Rechaud inmitten einer Tischrunde platzt, können Sie gleich Feuerwehr und Notarzt rufen.
Wer sich keinen Spezialtopf kaufen will, kann entweder den Fettopf oder jeden anderen schweren Topf nehmen. Allerdings sieht das nicht so anheimelig aus wie Kupfer auf gebogenem Schmiedeeisen, wie Stahl auf Stahl oder wie ein buntes Gußeisengeschirr. Nicht umsonst werden die meisten Ölfondue-Töpfe nach oben zu enger, das verhindert das Herausspritzen des Fetts. Außerdem gibt es inzwischen einen Metallkragen, den man auf den Topfrand legt: er fängt alle Ölspritzer auf und hat auch Schlitze, in die man seine Gabel hängen kann.
Das Fett soll den Topf höchstens bis zur Hälfte füllen. Man erhitzt es in der Küche bis zum Rauchpunkt: das ist der Moment, in dem das Fett ganz still wird und eben zu rauchen beginnt. Dann stellt man den Topf aufs Rechaud. Man nimmt ein möglichst geruch- und geschmackloses Öl (auf keinen Fall Olivenöl) oder ein Erdnuß- oder anderes Pflanzenfett. Von Fettmischungen halte ich nichts, denn sie spritzen meist, weil Fette wie Butter oder Margarine zuviel Wasser enthalten und weil bei den einzelnen Fetten die Rauchpunkte verschieden sind. Welches Fett Sie nehmen, sollten Sie selbst ausprobieren. Lassen Sie das übrigbleibende Fett nach dem Fondue-Essen nicht zu lange stehen, sondern verwenden Sie es anderweitig in der Küche, falls Sie nicht jede Woche eine Fleischfondue zelebrieren. Wenn Sie das allerdings tun, können Sie das Fett zwischen vier- und sechsmal verwenden.

Fleisch und anderes im Öltopf

Die Pieker können aus Holz sein, dann verbrennt man sich an ihnen nicht den Mund, sie werden aber nach relativ kurzer Zeit unansehnlich und wirken dann leicht unhygienisch. Oder aber man benutzt die üblichen langstieligen Fonduegabeln, die dann einen hitze-isolierenden Griff haben sollten. Nehmen Sie aber keine zu billigen, damit Ihnen der Griff nicht wegschmilzt. Es gibt Spezialgabeln mit einem kleinen Haken am Stiel, mit dem man sie an den Rand des Fettopfs hängen kann. Andere haben an den Zinken kleine Widerhaken, damit das Fleisch nicht ins Öl fallen kann. Das kostet zwar keine Runde und kein Küßchen wie bei der Käsefondue: es verdirbt aber das Öl, da das Fleisch relativ schnell verbrennt und es keine Freude ist, danach zu fischen.

Auf jeden Fall braucht jeder Gast zwei Piekwerkzeuge: eins, mit dem er brät, und eines, mit dem er ißt. Ich warne vor Unachtsamkeit: eine Metallgabel, mit der im Fettopf Fleisch gebraten wurde, ist so heiß, daß sie an den Lippen Verbrennungen zweiten Grades verursacht.

Der Ritus ist ganz einfach: Jeder brät sich sein Fleisch so blutig oder so durch, wie es ihm am besten schmeckt. Und während man den gerade gebratenen Würfel ißt, brät der nächste im Topf schon vor sich hin. Dabei niemals zu viele Gabeln oder Spieße gleichzeitig in das siedende Fett stellen oder hängen, das senkt die Temperatur zu stark. Erfahrene Gastgeber legen auch kleine Trinkpausen ein, um das Öl immer wieder richtig aufzuheizen.

Die Zutaten: Man würzt sich seine Fleischstückchen selber, zunächst einmal mit Salz, Pfeffer, Paprika (Rosenpaprika bitte) und Chilipulver. Das geschieht nach dem Braten. Das heiße Fleisch nimmt genauso wie beim Grillen die Gewürze sofort auf. Zusätzlich sind auf Schüsselchen verteilt: Cornichons, schwarze und grüne Oliven, geraspelter Sellerie, feingehackte Zwiebeln, Perlzwiebelchen, geriebene Erdnüsse, Preiselbeeren, Radieschen in Scheiben oder im Stück, frischer geriebener Meerrettich, eingelegte Paprikaschoten, scharfe Peperoni, Essigbirnen, Mixed Pickles, Senfgemüse, Chutneys und Relishes.

Bekommen Sie keinen Schreck, Sie brauchen nicht den Grundstock eines Delikateßgeschäftes zu kaufen, wenn Sie einmal eine Fleischfondue machen. Aus der angebotenen Fülle wählen Sie einiges aus: es sollte immer *etwas Scharfes, etwas Süß-saures, etwas Frisches, etwas Mildes* und *etwas Knackiges* oder *Knuspriges* auf dem Tisch stehen. Im Laufe der Zeit können Sie sich, falls Sie Fondue-Fan werden, einen gewissen Fundus anschaffen. Besonders erfolgreich ist natürlich Selbstgemachtes!

Über das Schneiden von Fonduefleisch

In der Schweiz gibt es auf Fonduefleisch spezialisierte Metzger. Sie lassen das Fleisch vor dem Schneiden anfrieren und schnibbeln es dann mit der Aufschnittmaschine hauchdünn. Zwischen die einzelnen fast durchsichtigen Scheiben wird Papier gelegt, damit man es besser auf Tellern oder Tabletts anrichten kann.

Machen Sie es zu Hause genauso. Das Fleisch – am besten Filet oder Lende – ins Tiefkühlfach legen, aber nicht durch und durch frieren lassen. Dann mit dem Wurstschneider hauchdünn aufschneiden. Oder Sie nehmen tiefgefrorenes Fleisch aus der eigenen Truhe oder kaufen tiefgefrorenes Fleisch – wie zum Beispiel neuseeländisches Lammfleisch –, lassen es etwas antauen und schneiden es wie beschrieben auf.

Inzwischen finden sich auch hierzulande schon genügend Metzger oder, wie man im Norden sagt, Fleischer oder Schlachter, die uns das Fleisch für Fondue schneiden. Aber es empfiehlt sich sehr, dabei zu sein, damit es auch wirklich aus dem gewünschten Stück geschnitten und so verpackt wird, daß es sich leicht wieder auseinandernehmen und dadurch hübsch anrichten läßt. Metzger, die Parmaschinken verkaufen, kennen übrigens das Zwischenlegen von Papier.

Dazu kommen die wesentlichen *Fertigsaucen:* eine der vielen Ketchupvarianten, OK-Sauce, Tabasco, eventuell ein oder zwei Sambals, eine Senfsauce, eine Meatsauce. Das sind nur Möglichkeiten, die Auswahl ist sehr groß (siehe auch Seite 116).
Das allerwichtigste aber sind die selbstgemachten Saucen und Dips. Sie können zur Sensation einer Fleischfondue werden. Ihre Rezepte werden oft gehütet. Ich habe eine Menge ausprobiert, ausspioniert und nachgeschmeckt. Sie finden auf den Seiten 102–115 über 50 Saucen, mit denen Sie Staat machen können und die Ihnen zeigen, wie es gemacht wird und worauf es ankommt, so daß Sie zum größten Saucenerfinder in Ihrem Bekanntenkreis werden.
Die Getränke sind nicht so strengen Regeln unterworfen wie bei der Käsefondue. Wir servieren Rotwein, Rosé oder auch Bier. Und wer Weißwein liebt, kann ihn ebenfalls trinken; dieser sollte aber schon wuchtig und kräftig sein.

Neuseeländische Lammfondue

1 kg ausgelöstes Kotelettfleisch von neuseeländischem Lamm • etwa ³/₄ l Pflanzenöl

So wird's gemacht: Das Fleisch in schmale, dünne Scheiben schneiden. Das Öl sehr stark erhitzen. Jeder Gast bekommt seine Fleischportion auf einem Brett serviert und einen Teller, von dem er ißt.

So schmeckt's am besten: mit Knoblauchbrot (Rezept Seite 124).

Frikadellenfondue

Die preiswerteste Form der Fleischfondue macht man mit Hackfleisch. Hier eine deutsche Version.

350 g mageres Rindfleisch • 150 g Schweinefleisch vom Kamm (Nacken) • 1 Eigelb • 4–5 gestrichene Eßl. Semmelbrösel • 2 Tropfen Tabasco • 1 Eßl. gehackte Petersilie • Salz • Pfeffer • Streuwürze • Salatblätter • etwa ³/₄ l Öl

So wird's gemacht: Das Fleisch zweimal durch die Maschine (feine Scheibe) drehen. Aus den Zutaten bis Streuwürze einen festen Teig kneten. Dann kirschgroße (dicke Kirschen, bitte) Bällchen daraus formen und im Kühlschrank 1 Stunde lang ziehen lassen. Die rohen Frikadellchen auf Salatblättern servieren. Sie werden von jedem Gast selbst im heißen Öl gebacken.

Karibische Buletten

So aß ich, Ulrich Klever, eine Frikadellenfondue in Jamaika.

500 g gekochtes Hühnerfleisch ohne Haut • 1 Ei • 2 Eßl. feingehackte Petersilie • 1 Eßl. feingeschnittener Schnittlauch • 1 Eßl. geriebene Zwiebel • 1 gestrichener Eßl. Currypulver • Salz • 1 gestrichener Teel. scharfes Senfmehl • Semmelbrösel • etwa ³/₄ l Öl
Dazu pro Person: 1 Eiweiß • 2–3 Eßl. feines Zwiebackmehl

So wird's gemacht: Das Hühnerfleisch ganz fein hacken und das Ei verquirlen. Mit den übrigen Zutaten, einschließlich der Semmelbrösel, zu einem gut formbaren Teig verarbeiten. In walnußgroße Kügelchen rollen und für 1 Stunde in den Kühlschrank stellen. Das Öl im Fonduetopf erhitzen, vor jeden Gast ein Schüsselchen mit leicht geschlagenem Eiweiß und Zwiebackmehl stellen. Die Kügelchen durch das Eiweiß ziehen, im Zwiebackmehl rollen und etwa 1 Minute lang an Fonduegabeln aufgespießt backen.

Unser Tip: Wegen der Zwiebackkrümel, die Rauch entwickeln können, serviert man diese Fondue besser auf tropisch warmer Terrasse.

Varianten: Unter den Hühnerfleischteig 30 g Kokosraspeln oder etwas gewürfelten Schinken oder winzigkleine Würfelchen von hartem Käse mischen.

Käsefondue bourguignonne

Bild Seite 38

Wir können und machen auch mit Öl gerne Käsefondues. Probieren Sie es einmal.

800 g Käse (Butterkäse, Bonbel und Bel Paese) • 2 Eier • Mehl • 100 g Semmelbrösel • Salz • Pfeffer • 1 l Öl

So wird's gemacht: Den Käse würfeln, die Eier schlagen. Die Käsewürfel erst in Mehl wenden, dann durch Ei ziehen und mit den gewürzten Semmelbröseln panieren. 1 Stunde stehen lassen. Das Öl erhitzen, in den Fonduetopf geben und die Käsewürfel hineintauchen. Etwa 1 Minute backen lassen.

So schmeckt's am besten: Neben Dips gibt es eine große Schüssel Chicoréesalat dazu.

Nützlicher Hinweis: Bei dieser Fondue muß man konzentriert stippen, damit der Käse nicht durch die Panade ins Fett tropft. Da das Öl besonders leicht spritzt, wenn der Käse eingetaucht wird, sollten Sie hierzu einen Fonduetopf mit Spritzschutz (wie etwa das Mahasi-Set von Spring) verwenden.

Queso macha

In »The Monks Inn«, einem West-Side-Lokal in New York, aßen wir eine Fondue, die aus Bolivien stammen soll. Man braucht dazu eigentlich den bolivianischen Ziegenkäse Queso di Cabra. Da man ihn hier schwerlich bekommen dürfte, nimmt man einen französischen, italienischen oder bulgarischen Ziegenkäse.

500 g Ziegenkäse • Mehl • 1 l Öl • Edelsüßpaprika • Rosenpaprika

So wird's gemacht: Den Käse mit so viel Mehl verkneten, daß man walnußgroße Bällchen formen kann, die man in Mehl rollt. Die Käsebällchen so lange ins heiße Öl tauchen, bis sie eine braune Kruste haben. Mit verschiedenem Paprika würzen.

Doch zurück zu den Fleischfondues, von denen wir auf den folgenden Seiten noch einige ausprobieren wollen.

Hühnerfondue bourguignonne

8 Hühnerbrüste • 2 Eßl. Olivenöl • 2 Eßl. Weinessig • Rosmarin • Thymian • 4 Paprikaschoten • Cocktailzwiebelchen • Champignonköpfe • Salz • Pfeffer • 1 l Öl

So wird's gemacht: Die Hühnerbrüste in feine Streifen schneiden und einige Stunden in eine Öl-Essig-Kräuter-Marinade legen. Mit Küchenkrepp gut abtrocknen. Die Paprikaschoten entkernen, würfeln und zusammen mit den Fleischstreifen, den Cocktailzwiebeln und den Champignonköpfen portionsweise dekorativ anrichten. Man piekt das Fleisch zusammen mit den Gemüsestückchen auf und brät alles im heißen Öl.

So schmeckt's am besten: Man kann Safranreis dazu servieren.

Lammfondue Syrian Style

Sie ist die Abwandlung eines unserer Lieblings-Eintopfgerichte namens »Syrischer Hammel«, zu der man auch Reis servieren sollte.

1 kg Dörraprikosen • 1 gestrichener Teel. Lemonpepper • 4 cl Aprikosengeist • 1 l Wasser • 1 kg Lammkeule • 1 l Öl

So wird's gemacht: Die Aprikosen mit dem Lemonpepper mischen, dann mit dem mit Aprikosengeist aromatisierten Wasser gut bedeckt mindestens über Nacht quellen lassen. Abgießen, Saft aufbewahren. Das Lammfleisch kleinwürfeln oder etwas großflächiger schnetzeln. Etwa 24 Stunden im Weichwasser der Aprikosen marinieren. Die Hälfte der Früchte solange zugedeckt im Kühlschrank aufbewahren. Das Fleisch aus der Marinade nehmen, mit Küchenkrepp gut trockentupfen und dekorativ anrichten. Erst ein Stück Aprikose, dann Fleisch auf die Gabel spießen und zusammen beliebig lange im heißen Öl braten.

Unser Tip: In geschnetzeltes Lammfleisch kann man die Frucht einwickeln und dann erst aufspießen und braten. Die nicht verwendeten Aprikosen zu einem Chutney (Rezept Seite 122) verarbeiten.

Huhn auf koreanische Art

600 g Hühnerfleisch ohne Knochen • Öl
Für die Marinade: 2 Zwiebeln • 1 Knoblauchzehe • 5 Eßl. Sojasauce • 3 gestrichene Teel. Zucker • 2 Eßl. Öl (möglichst Sesamöl) • schwarzer Pfeffer • 1 gestrichener Eßl. Speisestärke • Sesamsamen

So wird's gemacht: Das Hühnerfleisch in Würfel oder Streifen schneiden. Die Zwiebeln hacken. Die Knoblauchzehe auspressen. Aus der Sojasauce und allen anderen Zutaten (außer dem Sesamsamen) eine Marinade rühren. Das Hühnerfleisch mindestens 1 Stunde, aber auch über Nacht, darin einlegen.
Das Fleisch aus der Marinade nehmen, leicht abtrocknen und auf Fonduegabeln oder Holzspießchen im heißen Öl braten. Die Marinade mit 1–2 Eßlöffeln Sesamsamen erhitzen und in Schälchen vor jeden Gast stellen. Man taucht den gebratenen Hühnerbissen in die Sauce, bevor man ihn ißt.

Gebratene Leberpäckchen

500 g Hühnerleber • 1 Eßl. Butter • 1 kleine Dose Wasserkastanien • 250 g Frühstücksspeck • Salz • Pfeffer • etwas gemahlener Ingwer • ¾ l Öl

So wird's gemacht: Die Hühnerleber in bißgroße Stücke zerteilen und 10 Minuten in der Butter sanft schmoren. Abkühlen lassen. Die Wasserkastanien in Stückchen schneiden. Den Frühstücksspeck in hauchdünne Scheiben schneiden, so daß man in je eine Scheibe einen Leberbissen und das dazu passende Wasserkastanienstück wickeln kann. Leber und Wasserkastanienstück würzen und fest einpakken. Auf eine Gabel gespießt im heißen Öl so lange braten, bis der Speck schön braun und knusprig geworden ist.

Variante: Die Wasserkastanien im Einlegewasser leicht anwärmen. Zusammen mit den geschmorten Leberbissen in ein nur blaß gebackenes Blini (Rezept Seite 120) wickeln und in heißem Pflanzenfett braten.

Fondue Asia

Ein Name, den man ihr in San Francisco gab, aber sicher nicht in Chinatown (San Francisco hat die größte Chinatown der Welt).

500 g Rinderfilet • 1 Dose Bambussprossen • 5 Eßl. Sojasauce • 2 Eßl. Sherry • einige Spritzer Tabasco • 1 kg Pflanzenfett

So wird's gemacht: Das Filet in hauchdünne Scheiben, die Bambussprossen in streichholzdicke Stifte schneiden. Bambusstifte in Sojasauce, gemischt mit Sherry, unter kräftigem Wenden 1–2 Stunden marinieren. Die Filetscheiben leicht mit Tabasco schärfen. 1–3 Bambusstifte in eine Fleischscheibe rollen, aufspießen und im heißen Pflanzenfett beliebig lange braten, fast bräunen.

So schmeckt's am besten: Bei großen Filetscheiben darf man Messer und Gabel dazu servieren und vor allem scharfe Saucen.

Nützlicher Hinweis: Das Filet kann man am besten in hauchdünne Scheiben schneiden, wenn man es vorher leicht im Gefriergerät anfrieren läßt und dann mit der Brotmaschine aufschneidet.

◁ Mit raffinierten Saucen können wir die klassische Fondue bourguignonne immer neu variieren. Rezept Seite 42

Mongolischer Fleischtopf

Er hat nichts mit dem Mongolischen Feuertopf zu tun, sondern ist eine Abwandlung des Gerichtes, das man in mongolischen Spezialrestaurants des Fernen Ostens bekommt. Fleisch und Zutaten werden dort nach Auswahl des Gastes auf großen blanken Ofenplatten geschmort. Man findet ihn heute in der gesamten internationalen Küche; wo er uns begegnete, wissen wir nicht mehr.

500 g Rinderfilet • 4 Eßl. Sojasauce • 2 Eßl. Sherry oder Reiswein • 1 gestrichener Eßl. Zukker • 1 Dose Bambussprossen • 1 Knolle frischer Ingwer • 200 g frische Champignons • 2–4 kleine Möhren • ½ l Öl • 400 g Butter • 4 Eigelbe

So wird's gemacht: Das dünn geschnittene Fleisch 1 Stunde in eine Marinade aus der Sojasauce, dem Sherry oder Reiswein und dem Zucker einlegen. Die Bambussprossen, den Ingwer und die Champignons blättrig, die Möhren längs sehr fein schneiden. Das Gemüse auf einem oder zwei Tabletts hübsch anordnen, das leicht abgetrocknete Fleisch ebenfalls. Öl und Butter zusammen in einem flachen Eisentopf oder im Fonduetopf erhitzen, aber nicht so heiß wie bei einer normalen Fleischfondue werden lassen. In diesem Fettgemisch mit Stäbchen (oder auf Gabeln gespießt) Fleisch und Gemüse braten. Das Gemüse muß auf jeden Fall noch einen kräftigen Biß behalten. Vor jeden Gast ein Schälchen mit 1 Eigelb stellen. Jeden Bissen nach dem Braten in das Ei tauchen. Schmeckt gut, kühlt ab.

Hirsch im Öltopf

Auch Wild eignet sich vorzüglich zur Fondue und gibt den Fleischfondues einen ganz neuen Geschmacksakzent. Wir stippen es lieber in Pflanzenfett als in Öl.

1 kg Hirschfleisch von Keule oder Rücken • 1 l Amselfelder Rotwein • 1 Zwiebel • 2 gestrichene Eßl. Beizgewürz • gemahlener Rosmarin • 1 l Öl oder 1 kg Pflanzenfett

So wird's gemacht: Das Hirschfleisch von Häuten und Sehnen befreien und 2–3 Tage – wie zu Großmutters Zeiten – in Rotwein mit zerschnittener Zwiebel und Beizgewürz marinieren. Falls der Wein das Fleisch nicht ganz bedeckt, etwas Wasser zufügen.
Das Fleisch herausnehmen, gut durchkühlen, dann in feine Scheibchen schneiden. Das marinierte Fleisch ist mürbe, wird vor dem Aufspießen mit etwas Rosmarin bestäubt und zum Braten nur ganz kurz in das siedende Pflanzenfett getaucht.

So schmeckt's am besten: Dazu unbedingt neben anderen Saucen Aprikosenchutney und Preiselbeer-Meerrettich (Rezepte Seite 122 und 109) auftragen.

Rehrückenfondue

Eine etwas kostspielige, aber genauso köstlich schmeckende Fondue, die Fingerspitzengefühl für die Bratzeit braucht.

600 g Rehrücken, ausgelöst • 1 Dose Williamsbirnen • Lemonpepper • 700 g Biskin

So wird's gemacht: Das ausgelöste Rehrückenfleisch im Gefrierfach vorkühlen, dann in feine Scheiben schneiden. Die Birnen abgießen, in Scheibchen schneiden, sehr gut mit Küchenkrepp abtrocknen und kräftig mit Lemonpepper würzen. Dekorativ nebeneinander auf Portionstellern anrichten. Nun Birnenstückchen in die Rehrückenscheiben einwickeln, aufspießen und schnell, kurz im siedenden Pflanzenfett braten.

So schmeckt's am besten: Auch hierzu Preiselbeer-Meerrettich (Rezept Seite 109) und würzige Fertigremoulade servieren.

Anmerkung: Früher wurde Wild gebeizt, um den Hautgout zu beseitigen. Heute ist Wild dank der Kühlmethoden immer frisch, und man mariniert oder beizt es nur, um festeres Fleisch mürbe zu machen oder um ihm ein ganz bestimmtes Aroma zu geben.

Einfache Wildfondue

Hirsch und Rehrücken sind nicht gerade preiswert, aber auch Wildgulasch läßt sich im Fettopf zu einer schicken Fondue verwenden.

1 kg Wildgulasch • ¼ l heller Weinessig • ½ l Wasser • 6 Wacholderbeeren • 1 Eßl. Senf Düsseldorfer Art • 350 g Sauerkirschen ohne Stein (Glas) • 150 g Räucherspeck • 1 kg Biskin

So wird's gemacht: Das Wildgulasch in bißgroße Stücke schneiden und in einer Marinade aus dem Weinessig, Wasser, zerdrückten Wacholderbeeren und Senf etwa 1 Tag beizen. Abgießen, gut abtrocknen. Die Sauerkirschen gleichfalls abgießen. Den Räucherspeck in dickere Scheibchen, in Form der Wildstücke, schneiden. Den Speck und das Wild auf einer Platte anrichten. Die Sauerkirschen in einer Schüssel servieren – sie setzen immer noch etwas Saft ab. Erst Wild, dann Kirsche, dann Speck auf eine Gabel spießen und das Ganze im siedenden Fett braten, bis der Speck glasig bis knusprig geworden ist.

Schinken-Toast-Fondue

Man braucht etwas Zeit für die Vorbereitung, aber der Genuß entschädigt jeden für diese Arbeit.

1 Toastbrot, im Stück und einige Tage alt • 750 g ungehärtetes Pflanzenfett oder ¾ l Öl
Dazu pro Person: 30 g Butter • 75 g gekochter Schinken • 50 g Emmentaler oder anderer herzhaft schmeckender Käse • Oliven

So wird's gemacht: Das Toastbrot selbst mit der Brotmaschine in sehr dünne Scheiben schneiden. Pro Person 4 Scheiben auf einer Seite toasten. Die getoasteten Seiten mit Butter bestreichen. Den Schinken ganz fein hacken oder durch den Fleischwolf (grobe Scheibe) drehen. Den Käse raspeln. Den Schinken dick auf zwei gebutterte Scheiben geben, darauf jeweils die Hälfte des geraspelten Käses. Die beiden verbliebenen Toastscheiben mit der Butterseite daraufdrücken und 30 Minuten zwischen beschwerten Holzbrettchen pressen. Dann jeden Toast in 8 Würfel schneiden. Aufspießen und im siedenden Fett auf dem Rechaud bis zur gewünsch-

Öle und Fette für die Fondue

Für diese Art von Fondues verwenden wir nur geruch- und geschmackloses Öl; Olivenöl oder Nußöl sind ungeeignet. Fast besser noch sind die Pflanzenfette wie Biskin, Palmin oder Cremana frit, ein ungehärtetes Pflanzenfett der Lebensmittelwerke Walter Rau. Sie alle haben einen hohen Rauchpunkt, das heißt man kann in ihnen braten, ohne daß das Fett von sich aus riecht.
Öl wie Fett werden im Fonduetopf in der Küche erhitzt bis zu dem Punkt, an dem das Fett im Topf ganz still wird. Dann trägt man es auf den Tisch, stellt den Topf auf das Rechaud und brät bei 180 Grad. Das Fett darf den Topf nur bis zur Hälfte füllen.
Man kann Pflanzenfett mit ausgebratenen geräucherten Speckwürfelchen im Geschmack deftiger machen. Niemals aber frischen oder nicht ausgebratenen Räucherspeck ins siedende Fonduefett geben, das kann zu Explosionen führen. Ebenso dürfen die Sachen, die man eintauchend brät, nicht zu feucht sein. Auch das kann das Fett zum Spritzen bringen.
Wenn man das Fett mit Knoblauch aromatisieren will, taucht man an einem Holzspießchen 2 oder 3 Knoblauchzehen so lange ein, bis sie eben anfangen, sich zu bräunen.
Denken Sie auch daran, daß man in heißem Fett ausgezeichnet Brotwürfel rösten kann.

ten Bräune backen. Eine Olive dazuspießen und in den Mund schieben.

Anmerkung: Die Olive würzt und kühlt gleichzeitig.

Die Fondue und die Würstchen

Meist preiswert, fast immer zur Hand, schnell vorbereitet und mit Fertigsaucen (siehe Seite 116) und Bier dazu eine der unterhaltlichsten Bewirtungen. Im allgemeinen braten wir auch dabei lieber in Pflanzenfett als in Öl.

So wird's gemacht: Den Fettopf auf das Rechaud stellen. Jedem Gast einen Teller und zwei Gabeln (Sie erinnern sich: eine Gabel zum Braten, eine Gabel zum Essen, da die Bratgabel dafür zu heiß ist) geben. Ein Korb mit Brotstücken, Fertigsaucen in Schalen zum Tauchen, Senf, eventuell frischgehackte Kräuter, Gürkchen und Silberzwiebeln dürfen nicht fehlen. Dann rechnet man – wahlweise – jeweils für 4 Fonduestipper:
1 kg Leberkäse (Fleischkäse) oder Mortadella •
10 Weißwürste • 600 g Kabanossi • 2 Ringe Lyonerwurst • 8 Frankfurter Würstchen • 8 Paar Wiener Würstchen • 600 g dick geschnittenen, gemischten Aufschnitt • 10 rohe grobe Bratwürste •
je 8 Paar Schweinsbratwürstchen und Kalbsbratwürste oder alle Wurst- und Schinkenvorräte aus dem Kühlschrank.

Merke: Alles in bißgroße Stücke schneiden! Gebrühte Wurst oder gekochter Schinken werden kurz, rohe Wurst wird länger gebraten.

Vom Fleisch zum Fisch. Auch in der Abteilung Fische und Meeresfrüchte gibt es einige Ölfondues, obwohl die meisten und klassischen Fischfondues mit Brühe zubereitet werden. Doch darüber berichten wir erst im übernächsten Kapitel.

Meeresfruchtfondue

Bei Meeresgetierfondues in Öl ist es immer erlaubt, das Fett mit einer Knoblauchzehe, frisch oder aus dem Glas (nature eingelegt), zu würzen (siehe Tip auf der vorangegangenen Seite).

250 g Tintenfisch, frisch oder aus der Dose • 500 g geschälte, gekochte Scampi oder Nordsee-Langustenschwänze (fertig gekauft) • 200 g Muscheln (Dose) oder 500 g frische Muscheln mit Schale • Öl

So wird's gemacht: Den frischen Tintenfisch in bißgroße Stücke schneiden. Die Stücke aus der Dose abgießen. Die Meerestiere auf Schüsseln hübsch arrangieren; die ausgelösten Muscheln sollen nicht zu weich sein. Ideal sind frischgekochte Muscheln, die man noch fest gelassen hat (sofort nach dem Öffnen aus dem Sud nehmen). Für Dosenmuscheln möglichst kleine Abseihlöffel nehmen oder ein kleines Drahtsieb zweckentfremden, damit sie nicht die Form verlieren. Die Meerestiere in der Küche gut abtrocknen und auch bei Tisch mit Papierserviette nachtrocknen (sonst spritzt das Öl). Aufspießen und im heißen Öl backen.

So schmeckt's am besten: Dazu verschiedene Saucen und trockenen, körnig gekochten Reis servieren. Auf keinen Fall frische oder getrocknete Dillspitzen auf dem Tisch vergessen.

Fischstäbchenfondue

1 große Packung Fischstäbchen (16 Stück) • ½ l Öl oder 750 g Erdnußfett

So wird's gemacht: Die unaufgetauten Fischstäbchen dritteln. Auf einer Platte anrichten. Das Öl oder Fett erhitzen, die Fischstäbchenstücke auf Gabeln spießen und in etwa 2 Minuten gar braten lassen.

So schmeckt's am besten: Dazu verschiedene Saucen reichen. Von den Fertigsaucen paßt Cumberland besonders gut dazu.

Kalifornische Shrimpfondue

Wir machen sie wie im Originalrezept nur mit Distelöl – aber es geht auch mit normalem Öl.

125 g Butter • 1 Eßl. Zitronensaft • Lemonpepper • 750 g gekochte, geschälte Shrimps • 12 halbierte Artischockenherzen (Glas oder Dose) • ¾ l Distelöl oder normales Öl

So wird's gemacht: Die Butter mit dem Zitronensaft und dem Lemonpepper verkneten. Die Shrimps abwechselnd mit den Artischockenherzen in das heiße Öl tauchen und braten, bis sie eben anfangen, Farbe anzunehmen. Dann in die Butter stippen, die langsam immer schmiegsamer wird.

So schmeckt's am besten: mit Stücken von Pariser Brot, von denen man einen Würfel zwischendurch auch mal in das Öl tauchen darf.

Shrimps im Päckchen

Können als Einzelgericht, aber auch als Ergänzung zu jeder Fisch-Öl-Fondue serviert werden.

500 g gekochte, geschälte Shrimps • etwas Dill • eventuell etwas Pfeffer • 1 Dose Ananasstücke • 250 g Frühstücksspeck • ¾ l Öl

So wird's gemacht: Die Shrimps mit etwas Dill und, falls gewünscht, mit Pfeffer würzen. Zu jedem Schwanz ein Stück Ananas, das mit Küchenkrepp gut abgetrocknet wurde, geben und zusammen in ein passendes Stück Frühstücksspeck wickeln. Auf die Gabel gespießt im Öl so lange braten, bis der Speck knusprig geworden ist.

Variante: Shrimps gewürzt statt in Frühstücksspeck in Blinis (Rezept Seite 120) wickeln.

Fondue aux fruits de mer Strausak

Diese ganz ausgefallene Fondue bekamen wir von einer Leserin aus La Neuveville (Schweiz). Sie macht in der Vorbereitung etwas mehr Arbeit, aber wir wollen sie hier unbedingt aufführen.

Pro Person:
400 g Fisch (Tintenfisch, Scampi, Merlan, Krabben und andere Meerestiere) • etwa 500 g Spinat • Lattich (oder gezüchteten Löwenzahn) • einige Salbeiblätter • 1 l Öl

So wird's gemacht: Das gesäuberte Fisch- und Meerestierfleisch in ungefähr 2 cm lange und ebenso breite Stücke schneiden. Spinat-, Lattich- und Salbeiblätter waschen, verlesen, Stiele entfernen und mit kochendem Wasser kurz brühen. Das Fisch- und Meerestierfleisch in die Gemüseblätter wickeln. Jedes Päckchen auf ein Holzspießchen stecken und auf Platten gemischt zusammenstellen. Mit den vielen grünen Mäntelchen ist das hübsch anzusehen. Die Paketchen in heißes Öl tauchen und backen.

So schmeckt's am besten: Als Saucen Ketchup mit ein paar Tropfen Cognac, eine leichte Knoblauchmayonnaise und Sojasauce dazu reichen. Für jeden Gast ein Schälchen trocken gekochten Reis hinstellen, dem man einige Tropfen Phu-Quoc-Sauce (eine vietnamesische Fischsauce, in guten Delikateßgeschäften erhältlich) beifügen kann.

Grundsätzliches zur japanischen Ölfondue

Über die Entstehung der japanischen Ölfondue, der Tempura, haben wir Ihnen schon berichtet (Seite 41). Inzwischen machen diese fritierten Speisen den Stolz der japanischen Küche aus und haben bei uns wiederum ihre Nachahmer gefunden. Dabei ist aber die japanische Methode der Tempurazubereitung wesentlich. Bei einem Besuch in Japan habe ich, Ulrich Klever, ein wenig die Praxis der Tempuraküche studiert: Tempura kann man aus fast allem machen – aus Fisch, aus Meeresfrüchten, aus Fleisch

und Gemüsen, ausgenommen Lebensmittel, die viel Wasser enthalten.
Japanische Köche mischen ihr Öl aus mehreren Sorten. Das ist für unsere Zungen fast zuviel des Guten. Ich ziehe nach wie vor Erdnußöl vor, dem man ein Fünftel Sesamöl beimischen kann. Die Öltemperatur sollte bei 175 Grad liegen und tunlichst beibehalten werden. Deshalb arrangiere ich Tempura am liebsten in einer Elektro-Fritüre oder in einem elektrischen Fonduegerät (siehe Seite 129).
Der Teig soll kühl und außerdem dünnflüssig sein. Das Stück Shrimp, Gemüse oder Fleisch wird in den Teig getaucht und in das heiße Öl gegeben. In diesem Moment treffen Kälte und Hitze zusammen: Der Teig bläht sich auf (Vorsicht, kann spritzen!) und das Innere wird zugleich gebacken und durch Dampf gegart. In Tempura-Restaurants wird man direkt aus dem Topf bedient, so halten wir es auch.

Wichtig: Nach dem Backen immer wieder mit einem dünnmaschigen Sieb oder einem Schaumlöffel alle Teigreste aus dem Öl fischen, damit es nicht qualmt und unangenehm riecht. Je weniger Stückchen gleichzeitig fritiert werden, um so besser werden sie. Die Öltemperatur bleibt dann konstant – daß das nötig ist, wissen Sie ja eigentlich vom normalen Fritieren, hier kommt aber immer wieder eiskalter Teig aus der Schüssel, die in einem eisgefüllten Gefäß steht, in das Öl.

Tempura

Zwei anerkannte Tempura-Schulen in Japan streiten sich um eine Prise Salz im Teig. Jede behauptet, mit beziehungsweise ohne würde er knuspriger. Ich habe mich den Ohne-Salz-Köchen angeschlossen.

1 Aubergine • Mehl • 2 Stangen Lauch • 8 Champignons • 4 Wasserkastanien aus der Dose • 150 g rohe Makrelenfilets • 300 g Shrimps oder Langosti-

Welche Fische für die Fischfondue?

Sie werden es gemerkt haben, wenn Sie einfach Forellen- oder Schellfischstückchen nahmen: Ihre Gabel kam bestimmt ohne den Fisch aus dem Sud heraus, denn normalerweise hat Fischfleisch nun mal die Eigenschaft, relativ schnell zu zerfallen. Deshalb kocht, brät oder grillt man sie am besten im Ganzen oder in einem großen Stück.
Da wir für die Fischfondue aber kleine Stücke benötigen, müssen wir die Fischarten kennen, die festfleischig sind und sich für das Stippen in Sud eignen.
Von den Fischen sind dies: Aal; Seezunge; Heilbutt; Steinbutt; frischer Thunfisch; Schwertfisch; Dornhai; Loup de mer (Steinbeißer); Lotte (Seeteufel); Mulet (Meeräsche).
Von den Krustentieren sind die Schwänze der Sorten geeignet, die als Scampi, Langostinos, Kaisergranat oder Hummerkrabben angeboten werden. Man serviert sie frisch oder aufgetaut (möglichst nicht gekocht). Im Sud sind sie je nach Größe in 2–5 Minuten gar.
Aus der Muschelfamilie bietet man Miesmuscheln (schon gekocht und ausgelöst), Scheiben von rohen Jakobsmuscheln oder feingeschnittene Abalonen aus der Dose an.
Außerdem kann man in Ölfondues norwegische Fischbällchen aus der Dose oder selbstzubereitete nach Rezept Seite 123, tiefgefrorene Fischstäbchen und Fischcrusties (unaufgetaut) braten. Auch Krustentiere und Tintenfisch lassen sich in Öl braten.

Nützlicher Hinweis: Man kann Fischfleisch durch Marinieren in Zitronensaft zusätzlich festigen.

nos • 200 g rohe Miesmuscheln • 1 l Öl
Für den Teig: 1 Eigelb • ½ l Eiswasser • 1 Messerspitze Natron • 250 g Mehl

So wird's gemacht: Die Aubergine zur Hälfte schälen und der Länge nach halbieren. Die geschälte und die ungeschälte Hälfte in dünne Scheiben schneiden. (Das Nichtschälen geschieht nur aus optischen Gründen.) In Mehl kurz wenden. Den Lauch schräg schneiden, jedes Stück soll 1 cm breit sein. Die Champignons halbieren und die Wasserkastanien in Würfel schneiden. Die Makrelenfilets in würfelgroße flache Stücke schneiden und ebenso wie die Shrimps durch Mehl ziehen. Die Muscheln wie Austern aus der Schale lösen, besser noch 1 Minute in kochendes Wasser werfen und dann aus der Schale holen. Für den Teig das Eigelb mit dem im Wasser aufgelösten Natron in einer Schüssel schlagen, das Mehl dazugeben und rasch mit einem Löffel unterrühren. Das macht man, wenn die Gäste schon um den Tisch sitzen und das Öl schon heiß ist. Der Teig soll vom Löffel fließen. Die Zutaten jeweils in den Teig tauchen. Das geht am besten mit Stäbchen, vorausgesetzt man kann damit umgehen. Herausheben, etwas abtropfen lassen und ins Öl geben. Insgesamt 2 Minuten backen. Auf ein Brett oder in eine Schüssel (dick mit Küchenkrepp ausgelegt) geben. Von dort nehmen sich die Gäste die fertiggebackenen Portiönchen.

So schmeckt's am besten: Jeder Gast bekommt ein Schälchen mit Tempurasauce serviert, in die er die gebackenen Bissen eintaucht. Das kann sein:

Tempurasauce Nummer eins

3 Teile Fischbouillon • 1 Teil Sherry oder Mirin (süßer Reiswein) • 1 Teil japanische Sojasauce • Ajinomoto (Glutamat) • 1 Teil geriebene Zwiebeln oder 1 Teil geriebener frischer Ingwer

So wird's gemacht: Die Fischbouillon aus Makrelenabfällen, Langostinoschwanzschalen und Muschelwasser kochen. Kein Salz und auch sonst kein Gewürz verwenden. Mit dem Wein und der salzigen Sojasauce zusammen erhitzen. Mit Glutamat-Würzpulver abschmecken und kochend über die Zwiebeln oder den Ingwer gießen. Ziehen lassen und kalt servieren.

Tempurasauce Nummer zwei

1 gestrichener Eßl. Salz • 1 gestrichener Eßl. Glutamat • 3 Eßl. Zitronensaft

So wird's gemacht: Die Zutaten miteinander mischen und verrühren. Diese scharfe Paste auf Tellerchen servieren.

Tempurasauce Nummer drei

4½ Eßl. japanische Sojasauce • ⅛ l klare Fleischsuppe • 2 gestrichene Eßl. Zucker • 1 gestrichener Teel. Ajinomoto (Glutamat)

So wird's gemacht: Die Sojasauce in die heiße Fleischsuppe rühren und den Zucker und das Glutamat-Gewürz darin auflösen. In diese »Tentsuyusauce« die Tempurastückchen stippen.

Pilztempura

Unter diesem Namen fanden wir eine amerikanische Abwandlung.

500 g frische Champignon- oder Steinpilzkappen • Zitronensaft • 1 l Öl
Für den Teig: 100 g Mehl • 1 Prise Salz • 1 Ei • 0,1 l Milch

So wird's gemacht: Die Pilze unter kaltem Wasser waschen und putzen. Große Steinpilzhüte halbieren. Mit Zitronensaft einreiben. Für den Teig das Mehl sieben und mit dem Salz mischen. Das Ei schlagen und zusammen mit der Milch dazugeben. Alles zu einem Teig rühren. Das Öl erhitzen. Die Pilze mit der Fonduegabel in den Teig tauchen, abtropfen lassen und so lange ins Öl halten, bis der Teig hellblond geworden ist.

So schmeckt's am besten: Mit einer Mischung aus Senf und Sojasauce servieren.

Je nach dem Angebot an Fleischstreifen, Fischigem oder Gemüse kann man Dutzende von Tempuras machen. Sie werden bald finden, daß einmal nur Krabben, ein andermal Tintenfischstücke, dann wieder Schinken- und Bananenwürfel, dann wieder gerollte Sardellenfilets oder Sardinenstücke, dann Blumenkohlröschen (leicht angekocht, siehe auch Rezept gegenüber), rohe Spargelstückchen oder eine x-beliebige Kombination wunderbar schmecken.

Ein Zwischending zwischen Tempura und Fondue bourguignonne ist die

Fischfondue deutsche Art

Bild Seite 47

Eine Sommerfondue, die man am besten auf der Terrasse oder im Garten serviert, denn sie riecht. Zumindest sollte man nachher die Zimmer gründlich lüften können.

1 kg Rotbarschfilet • Salz • Saft von 2 Zitronen • 1 Messerspitze Safran • 1 l Öl
Für den Teig: 250 g Mehl • 1/8 l helles Bier • Salz • Zucker • 3 Eßl. geriebener Käse • 3 Eßl. Öl

So wird's gemacht: Den Fisch in nicht zu große Würfel schneiden und mindestens 1 Stunde mit etwas Salz und dem mit dem Safran goldgelb gefärbten Zitronensaft marinieren. Den Backteig aus der Hälfte des Mehles und dem Bier rühren und schlagen. Zum Schluß den Käse und langsam die 3 Eßlöffel Öl untermischen. Der Teig soll sämig und dickflüssig sein, eventuell etwas Bier nachgeben.
Das Öl im Fonduetopf erhitzen. Die marinierten Fischwürfel auf Fonduegabeln stecken, im restlichen Mehl wenden und in den Teig tauchen. Abtropfen lassen und in dem heißen Öl goldgelb backen.

Walliser (Fisch-)Fondue

In den »Walliser Stuben« in Hamburg hat der Schweizer Koch Charly Launer die Fondue Matterhorn kreiert. Das war im Sommer 1966. Eine Abwandlung der Tempura, bei der Fischstücke, Scampi und Jakobsmuscheln in Teig getaucht und in Öl herausgebacken werden. Da ich sein Rezept nicht erfahren konnte, bringe ich ein ähnliches, das auf Arne Krügers Kochkarten erschien und ebenfalls einen Schweizer Namen trägt.

250 g tiefgefrorene Schollenfilets • 750 g Goldbarschfilet • 250 g Heilbutt oder Steinbutt • 1 gestrichener Eßl. Mehl • 2 Eiweiße • 1 gestrichener Teel. Edelsüßpaprika • Salz • 1/2 Teel. weißer Pfeffer • 2 l neutrales Öl
Für die Sauce: 1 Eßl. Worcestersauce • 3 gestrichene Eßl. Semmelbrösel • 4 Eßl. Tomatenketchup • 6 Eßl. Öl • 2 Eßl. Weinessig • 1 gestrichener Teel. Zucker

So wird's gemacht: Die Schollenfilets auftauen lassen. Den übrigen Fisch entgräten, gegebenenfalls enthäuten und roh in bißgroße Stücke schneiden. Das Mehl mit dem Eiweiß, dem Paprika, Salz und dem Pfeffer mischen und die Fischstücke darin wenden. Die Saucenzutaten kalt miteinander verrühren. Die Fischstücke auf dem Tisch arrangieren, das bereits heiße Öl auf das Rechaud stellen, die Sauce in Schälchen verteilen. Die Fischstücke auf Fonduegabeln spießen, im Öl in 1/2–1 Minute goldgelb braten, in die Sauce tauchen und essen.

Zum Abschluß noch drei Gerichte für Leute, die weder Fleisch noch Fisch mögen, aber doch auch um den Fettopf sitzen und brutzeln wollen.

Blumenkohlröschenfondue

Dazu gab uns ein Rezept der Lebensmittelwerke Walter Rau die Anregung.

4 kleine Köpfe Blumenkohl • Salz • reichlich Zitronensaft • 4–6 Eier • 1 Messerspitze gemahlene

Macisblüte (Muskatblüte) • 3 Eßl. Parmesankäse • 750 g ungehärtetes Pflanzenfett

So wird's gemacht: Vom Blumenkohl das Grün abschneiden, die Köpfe in Röschen teilen und sofort in sprudelnd kochendes Salzwasser geben. 8–10 Minuten sanft kochen, abgießen, kalt abbrausen und sorgfältig mit Zitronensaft beträufeln, damit sie schön weiß bleiben. Während die Röschen kochen, die Eier verquirlen, mit Macis und Parmesan mischen und davon für jeden Gast in ein Schälchen geben. Nun Röschen aufspießen, mit der Ei-Parmesan-Mischung umhüllen und im heißen Fett auf dem Rechaud knusprig herausbacken. Vorsicht: sehr heiß, daher nur in kühle Saucen dippen.

Septemberfondue

Bei selbstgesuchten Pilzen immer darauf achten, daß sie noch keinen Nachtfrost abbekommen haben.

500 g Stangen- oder Brechbohnen • 500 g Mischpilze (notfalls Champignons oder Egerlinge) • Bohnenkraut • Salz • Zitronensaft • Lemonpepper • 2–4 frische Tomatenpaprikaschoten • ½ l dicker Eierkuchenteig, auf 4 Schälchen verteilt • 1 l Öl- oder 1 kg Pflanzenfett

So wird's gemacht: Die Bohnen und die Pilze putzen, Stangenbohnen in bißgroße Stücke schneiden, Brechbohnen halbieren oder dritteln. Die Bohnen mit dem Bohnenkraut 5 Minuten in sprudelnd kochendes Salzwasser geben, abgießen, eiskalt abbrausen. Die Pilze scheibeln, mit dem Zitronensaft und dem Lemonpepper würzen. Die Paprikaschoten in Streifen schneiden. Alles dekorativ anrichten.
Die Gemüse in den Teig tauchen, abtropfen lassen, schnell ein Pilzstückchen davor spießen. In das siedende Fett tauchen, bis der Teig braunkrustig und der Pilz gebraten ist.

So schmeckt's am besten: mit Aioli, mit Currysauce Nummer zwei oder mit Energieketchup (Rezepte auf den Seiten 103, 105).

Rosenkohlfondue

1 kg Rosenkohl • Salz • Wasserkastanien (Dose) • ¼ l Guinness (oder Altbier) • 6–8 Eßl. Mehl • 4 Eier • 1 Messerspitze geriebene Muskatnuß • 750 g ungehärtetes Pflanzenfett

So wird's gemacht: Den Rosenkohl putzen, dann in sprudelnd kochendem Salzwasser 5 Minuten kochen, abgießen und sofort eiskalt und lange abbrausen. Hübsch mit den Wasserkastanien dekoriert anrichten. Während der Rosenkohl kocht aus den übrigen Zutaten von Bier bis Muskat einen glatten Teig rühren. Salzen. Etwas anziehen lassen. Auf Portionsschalen verteilen. Rosenkohlröschen und/oder Wasserkastanien hineintauchen, dann im Fettopf auf dem Rechaud beliebig braun backen.

So schmeckt's am besten: Dazu trinkt man vom gleichen Bier, das zum Teig verwendet wurde.

Variante: Die Rosenköhlchen schmecken auch zu einer Käsefondue.

Fondues für Eingeweihte

Stiefkinder beim Backen und Schmoren im Fonduetopf sind die Innereien. Natürlich ist es am sichersten, mit Rinderfilet, Hühnerbrüstchen und geschnetzeltem Lammfleisch zu stippen – aber das kann nun wirklich jeder sofort, wenn er sich mit dem Grundrezept für die Fondue bourguignonne befaßt hat. Mit reichlich Saucen dazu ist jede Runde um den Fonduetopf zufrieden.

Aber wir denken, daß es an der Zeit ist, etwas aus der hauseigenen Kochschule zu plaudern und über die einfachen, kräftiger schmeckenden und teilweise auch preiswerteren Fleischsorten zu berichten, die sich vorzüglich zur Fondue eignen: die Innereien neben Kalbs- und Hühnerleber, wofür wir schon einige bekanntere Fonduegerichte in diesem Buch aufgeschrieben haben.

Unser Freund Daniel Spoerri liebt die Innereien-Küche – hat eine Sammlung von mindestens 50 Kuttelrezepten (größtenteils aus alten französischen Kochbüchern) – und bietet daraus gerne an. Auf der Rückreise von einem Besuch bei ihm in seiner Mühle in der Nähe von Paris schwärmten wir noch von Kutteln in Champagnersauce, und da kam uns die Idee, mit Kutteln und Öltopf, mit Kutteln und Käsebrei zu experimentieren. Von da war der Weg bis zum gekochten Rinderherz nicht mehr weit.

Kutteln bekommen Sie, blütenweiß gekocht, heute bei jedem Metzger – meist muß man sie noch im Schnellkochtopf 30–40 Minuten unter Druck nachkochen, damit die kurze Braterei im Fettopf genügt. Und Rinder-, Schweine- oder Kalbsherz werden auch zunächst in Salzwasser mit Wacholderbeere, Lorbeerblatt und Nelken schön butterweich gekocht.

Das durch die neue Küche in Deutschland wieder zu Ehren gekommene Kalbsbries muß natürlich auch blanchiert werden, man preßt es dann noch wie in den zutreffenden Rezepten beschrieben, damit es die richtige flache Form bekommt und ansehnlich wird.

Nieren und Leber werden roh verwendet. Hier achten wir darauf, daß die Scheibchen und Stückchen nicht zu feucht sind, da es sonst beim Eintauchen ins Fett spritzen kann. Wir denken auch daran, daß diese beiden Innereien zäh werden, wenn man sie zu lange brät. Rosa ist besser als durch, und das Ganze ist eher eine mehrere-Sekunden- als mehrere-Minuten-Angelegenheit.

Sollten Sie bisher Innereien gegenüber skeptisch sein, wir empfehlen Ihnen einen Versuch. Er lohnt sich bestimmt: vom Geschmack und vom Geldbeutel her betrachtet.

Gourmetfondue

Die müssen Sie unbedingt probieren! Dann Gästen vorsetzen. Die zunächst vielleicht erschrecken, aus Höflichkeit versuchen und dann alles restlos aufessen werden.

1 kg weichgekochte Kutteln • Salz • Pfeffer • ¼ Teel. gemahlener Rosmarin • ¼ Teel. getrockneter Thymian • ¼ Teel. gemahlene Macisblüte (Muskatblüte) • 4 Eier • 1 Teel. getrockneter oder pulverisierter Estragon • 150 g Paniermehl • 1 kg ungehärtetes Pflanzenfett

So wird's gemacht: Die Kutteln in bißgroße Vierecke schneiden. Die Gewürze im Mörser gut miteinander vermahlen. Über die Kuttelflecke streuen, durchheben und zugedeckt 1 Stunde kühlgestellt einziehen lassen. Dann je 1 Ei in einem Portionsschälchen verquirlen. Den zerriebenen getrockneten oder den pulverisierten Estragon und das Paniermehl mischen, auf 4 weitere Schälchen verteilen. Kuttelflecke auf einer Platte anrichten. Das Pflanzenfett zum Sieden bringen, auf das Rechaud stellen und weiter sieden lassen. Jeder Gast spießt nun Kuttelflecke auf die Gabel, taucht sie erst in Ei, dann in die Panade und läßt sie im heißen Fett knusprig bräunen.

So schmeckt's am besten: Dazu besonders gut abgeschmeckte Remoulade (Fertigprodukt), aber auch Aprikosenchutney (Rezept Seite 122) servieren.

Kuttelfondue

Auch hier sind gekochte, blütenweiße Kutteln die Grundlage, dazu kommt viel Knoblauch. Wenn alle mitessen, stört dieser intensive Geruch aber keinen in der Runde.

1 kg weichgekochte Kutteln • 4 Knoblauchzehen (mindestens) • 6 Eier • 200 g Paniermehl • 1 dikkes Bund glatte Petersilie • 1 kg ungehärtetes Pflanzenfett • 100 g Speck • 1 Eßl. Margarine • Pfeffer

So wird's gemacht: Die Kutteln in bißgroße Stücke schneiden. Die geschälten Knoblauchzehen daraufpressen, mischen und zugedeckt mindestens 2 Stunden ziehen lassen. Dann die Eier verquirlen, auf Portionsschälchen verteilen. Das Paniermehl in Portionsschalen geben. Die Petersilie ganz fein hacken und in ein Schüsselchen geben. Die Kutteln abtrocknen und anrichten. Das Fett zum Sieden bringen. Inzwischen den Speck kleinwürfeln, in der Margarine ausbraten, pfeffern und in das siedende Pflanzenfett gießen. Nun je einen Kuttelfleck aufspießen. Erst in Ei, dann in Paniermehl und nochmals in Ei, möglichst rundum tauchen, einmal in die Petersilie stippen und beliebig lange im Fettopf braten.

Kalbsherzfondue

½ Rinder- oder 1 Kalbsherz • 1 Bund Suppengrün • 1 Zwiebel • 10 Wacholderbeeren • 2 Nelken • Salz • 125 g Frühstücksspeck • 1 Bund glatte Petersilie • Pfeffer • 1 kg ungehärtetes Pflanzenfett

So wird's gemacht: Das Herz mit den Suppenzutaten einschließlich Salz, mit Wasser bedeckt, weich kochen. Abkühlen lassen, von allem Fett befreien. Das Herz in Würfel schneiden. Den Frühstücksspeck vom Fleischer hauchdünn aufschneiden lassen oder selbst mit der Brotmaschine schneiden (das geht aber nur von einem gut durchgekühlten größeren Stück). Portionsweise Herzwürfel, Speckscheiben und je 1 Eßlöffel feingehackte Petersilie anrichten. Die Pfeffermühle auf den Tisch stellen. Nun gibt jeder Gast Petersilie und Pfeffer nach Geschmack auf ein Speckscheibenstück, wickelt einen Herzwürfel darin ein und brutzelt das Päckchen im siedenden Fett, bis sich der Speck kräuselt.

Nieren-Pilz-Fondue

Hierfür ist es besonders wichtig, einen Fonduetopf mit Kragen (Mahasi-Fondue, siehe Seite 128) zu verwenden, denn Nieren und auch frische Leberstückchen spritzen gern, wenn sie ins heiße Fett kommen.

4–6 nicht zu große Schweinenieren • Streuwürze • 200 g frische Champignons oder Egerlinge • Zitronensaft • Pfeffer • 1 l Öl oder 1 kg Pflanzenfett

So wird's gemacht: Die Nieren sauber putzen, dann quer in Scheiben schneiden und mit reichlich Streuwürze bestäuben. Die Pilze waschen, abtropfen und dick scheibeln, mit etwas Zitronensaft betropfen und mit Pfeffer übermahlen. Portionsweise anrichten. Immer zwischen zwei Pilzscheiben eine Nierenscheibe spießen und im siedenden Öl oder Fett kurz braten. Wenn die Pilze Farbe annehmen, ist das Nierenscheibchen gerade zart und weich.

Variante: Nierenscheiben und Ananasstückchen zusammen auf die Gabel spießen und ganz kurz braten lassen. Vorsicht, spritzt sehr!

Saure-Nierchen-Fondue

1 l einfacher, trockener Rotwein • 1 gestrichener Teel. Beizgewürz • 1 gestrichener Teel. Zucker • 400 g Schweinenieren oder 500 g Kalbsnieren • 1 Knoblauchzehe • 2 Eßl. Öl • Salz • 1 gestrichener Eßl. Speisestärke • 1 Eßl. Zitronensaft

So wird's gemacht: Den Rotwein zugedeckt mit dem Beizgewürz (bitte in ein Mullbeutelchen binden) und dem Zucker aufkochen, die Hitze ausschalten. Die Weinmischung warm gestellt ziehen lassen. Die Nieren putzen und in Scheibchen schneiden. Den Knoblauch hacken. Die Nierenscheibchen mit dem Knoblauch im Fonduetopf bei Tisch auf dem Rechaud in heißem Öl rundum schnell anbraten – alle Gäste helfen mit ihren Gabeln beim Wenden mit. Salzen. Den Rotwein zum Kochen bringen. Die Speisestärke mit dem Zitronensaft glattrühren, in den Wein rühren, aufkochen. Zu den Nieren gießen. Nun bei kleiner Flamme weiterköcheln lassen, dabei fleißig nach den Nierchen fischen und auch mit Brotbröckchen die köstliche Fondueflüssigkeit mit auftunken.

Anmerkung: Ganz große Feinschmecker binden den Wein nicht und nehmen halbierte Hammelnierchen. Um Gäste dazu einzuladen, muß man allerdings erst einmal genügend Hammelnieren im Tiefkühlgerät ansammeln. Man läßt sie dann über 12 Stunden ganz langsam auftauen und verwendet sie wie die frischen Nieren.

Gemischte Fleischfondue auf orientalische Art

Bild Seite 66

Eine Fondue chinoise, die aber in Europa beheimatet ist.

200 g Kalbsbries • ½ l klare Fleischsuppe (Würfel) • Saft von ½ Zitrone • Salz • 200 g Kalbsnieren • 200 g Kalbsleber • 200 g Kalbslendchen • 1½ l Hühnerbrühe • 1 gestrichener Teel. Streuwürze • 2 Eßl. Sherry • 1 Eßl. chinesische Sojasauce

So wird's gemacht: Das Kalbsbries in der Fleischsuppe, gewürzt mit Zitronensaft und etwas Salz, 10 Minuten blanchieren. Das Bries kalt abschrecken, die Häute entfernen. Dann zwischen zwei Brettchen legen und beschweren. Nach einigen Stunden ist das Bries schön flach und kann mit einem scharfen Messer in gleichmäßige dünne Scheiben geschnitten werden. Die Nieren sorgfältig putzen und dünn schneiden, ebenso wie die Leber und das Lendchen. Die Scheiben sollten alle die gleiche Größe haben.
Die Hühnerbrühe mit der Streuwürze, dem Sherry und der Sojasauce abschmecken. Die weiteren Spielregeln kennen Sie ja.

Unser Tip: Denken Sie daran, daß Leber nur einige Sekunden in kochende Brühe gehört, Bries und Nieren können ruhig 1–2 Minuten darin bleiben.

Brieschenfondue

Dazu passen vor allem milde Saucen auf Mayonnaisenbasis.

400 g Kalbsbries • 1/2 l Hühnerbrühe (Würfel) • geriebene Muskatnuß • 30 g fetter Speck • 500 g Broccoli • 1 l Öl

So wird's gemacht: Das Bries in die kochende Hühnerbrühe geben, Herd abschalten und das Bries 15–20 Minuten ziehen lassen. Kalt abspülen, vorsichtig häuten – es darf nicht auseinanderfallen. Zwischen zwei Brettchen gut beschwert erkalten lassen. Dann in Scheibchen von etwa 1 cm Dicke schneiden und einen Hauch Muskat darüberreiben. Den Speck fast durchsichtig dünn und auf Briesscheibengröße zurechtschneiden. Die Broccoliröschen teilen. Erst Broccoli, dann Speck, dann Briesscheibchen auf die Gabel spießen und kurz – knapp 1 Minute – in das auf dem Rechaud siedende Öl tauchen.

Unser Tip: Portionsweise hübsch anrichten. Außerdem in einer Schüssel die dünneren Broccolistiele (auf 3 cm Länge geschnitten) und -blätter auftragen. So kann jeder noch weiteres Gemüse schnell in den Fettopf tauchen.

Hammelleberfondue Berliner Art

Man muß sie vorbestellen, denn frische Hammelleber bekommt man nicht alle Tage zu kaufen.

1 Hammelleber (600–800 g) • gemahlener Rosmarin • Streuwürze • 500 g säuerliche Äpfel • Zitronensaft • Lemonpepper • 1 kg Pflanzenfett

So wird's gemacht: Die Hammelleber von allen Häuten und Ganglien befreien, dann in bißgroße, längliche, nicht zu dicke Scheibchen schneiden. In eine Schüssel geben, mit Rosmarin und Streuwürze bestreuen und wie einen Salat durchheben, etwas stehenlassen. Inzwischen die Äpfel schälen, vierteln, entkernen, in Scheiben schneiden und sofort beidseitig mit Zitronensaft beträufeln. Die Leber zwischen Küchenkrepp schnell etwas trocknen, Leberscheibchen mit Äpfeln umkränzt anrichten. Dann jeweils eine Apfel-, eine Leber- und wieder eine Apfelscheibe aufspießen. Mit Lemonpepper bestreuen und im siedenden Pflanzenfett braten, bis die Apfelschnitze glasig oder bräunlich werden.

So schmeckt's am besten: Dazu darf man Zwiebeldip und Preiselbeer-Meerrettich-Dip (Rezepte auf den Seiten 115 und 109) nicht vergessen.

Variante: Putenleber Berliner Art schmeckt sehr köstlich, wenn Sie die zurechtgeschnittene Putenleber mit kochendem Wasser brühen, 5 Minuten ziehen lassen, abgießen, abtrocknen und dann wie im obigen Rezept weiter zubereiten.

Nun vergessen wir das Öl und seinen doch nicht ganz zu vermeidenden Geruch und wechseln in die moderne Abteilung der Fondue über.

Von Feuertöpfen und Siedfondues

Nach wie vor basieren die schicksten und neuesten Rezepte der Fondueparties zwischen Paris, New York und München auf einem ganz alten chinesischen Gericht: dem Feuertopf, international Fondue chinoise, chinesisch Ho Go oder Huo Kuo genannt.
Bei allen diesen Fondues brät man das Fleisch oder den Fisch nicht mehr in Öl, man tunkt kein Brot in fetten Käsebrei, man kocht mageres Fleisch und fettarmen, möglichst festfleischigen Fisch oder Krustentiere in Bouillon und ißt kalorienarme Saucen dazu. Man ist also auch bei der Fondue schlankheitsbewußt geworden.
Wir haben in diesem Kapitel zahlreiche Rezepte rund um die Welt gesammelt, die original exotischen Vorbilder wie die Abwandlungen, wobei einige auch von uns stammen.
Die Geschichte der Feuertöpfe und des Sukiyaki erzählen wir bei den einzelnen Rezepten. Da wir aber finden, daß diese asiatischen Fondues viel stilechter sind und auch besser schmecken, wenn man sie mit Stäbchen ißt, wollen wir Ihnen hier einen kleinen Kurs im richtigen Essen mit Stäbchen geben – zumal es leichter ist, ein Gemüseblatt oder ein dünnes Fleischscheibchen mit Stäbchen in die Brühe zu tauchen als mit einer Gabel. Außerdem kann man sich daran kaum den Mund verbrennen.
Das heißt, wir verwenden nur Stäbchen aus Holz. Es gibt auch welche aus Kunststoff, die wir wegen des Materials grundsätzlich ablehnen. Die aus Silber oder aus Elfenbein sind für heiße Brühen nicht geeignet. Zum Essen verwendet man die Stäbchen paarweise. Das eine liegt unbeweglich in der Hand, das andere wird mit den Fingern bewegt. Zusammen wirken sie wie eine Pinzette. Das feste Stäbchen wird auf die innere, zum Zeigefinger liegende Seite des Ringfingers gelegt und zwischen Daumen und Handfläche festgeklemmt. Hier befindet sich die eckige Seite des Stäbchens, der Ringfinger hält etwa die runde Mitte. Dann nimmt man das zweite Stäbchen, runde Seite nach vorne, so zwischen Zeigefinger und Daumen, als ob man schreiben wollte, allerdings weiter hinten, als man üblich einen Bleistift anfaßt. Man stößt beide Stäbchen leicht auf den Tisch auf, daß die Spitzen gleich sind und bewegt den oberen Stab gegen den unteren. Man kann nun mit den Spitzen wie mit einer Pinzette greifen.
Je unverkrampfter und lockerer man das macht, um so leichter geht es. Es gibt im übrigen Naturtalente, die das Stäbchen-Essen sofort beherrschen. Sonst üben Sie, es macht wirklich Spaß. Und chinesische oder japanische Gerichte schmecken so gegessen einfach besser.

Grundrezept für Fondue chinoise

500 g Rinderfilet • 1 l Hühnerbrühe • etwas Sojasauce • etwas Sherry • 4 Eigelbe

<u>So wird's gemacht:</u> Das Filet in etwa streichholzschachtelgroße, hauchdünne Scheiben schneiden. Die Brühe mit etwas Sojasauce und Sherry würzen und im Topf auf dem Rechaud leise köcheln lassen. Um die Gabel ein Fleischscheibchen wickeln und es in der Brühe für kurze Zeit köcheln lassen.

<u>So schmeckt's am besten:</u> Das Fleisch in eine der dazu servierten Saucen tauchen. Dazu gibt es Mangochutney, eingelegte Maiskölbchen, grobgeraspelten Sellerie und geviertelte Tomaten. Zum Schluß die durch das geköchelte Fleisch kräftiger gewordene Brühe in Tassen gießen, in denen ein Eigelb liegt.

Unsere schlanke Geflügelfondue

Die wir entwickelten, als es galt, den Chef der kochenden Klever-Familie um 20 Kilo leichter zu machen und doch rundum satt.

Zutaten pro Person:
200 g Hähnchenbrust und Puterschnitzel • 100 g Gemüse (Sellerie, Lauch, Karotten, Fenchel) • ¼ l Hühnerbrühe • eventuell Salz und Pfeffer
Für je 4 Personen:
¼ l herber Weißwein

<u>So wird's gemacht:</u> Das Fleisch und die Gemüse feinschneiden. Das Fleisch auf einem Teller arrangieren. Die Brühe zusammen mit den Gemüsen zum Kochen bringen. Den Wein hinzufügen. Auf dem Rechaud am Sieden halten, nachwürzen. Das Fleisch

Fleischbrühen für die Fondue

Wenn Sie für Ihre Fondues eine hausgemachte Bouillon anbieten wollen, hier zwei Vorschläge:

Kalbfleischbrühe
250 g Kalbsbrust • 250 g Kalbsknochen • 1 aufgehackter Kälberfuß • 1 Bund Suppengrün • 1 Zwiebel • Salz • 1 Prise Thymian • 1½ l Wasser

Das Fleisch und die Knochen mit kaltem Wasser abbrausen, trockentupfen. Das Suppengrün putzen, grobschneiden. Alles mit der ungeschälten ganzen Zwiebel, Salz und dem Thymian im kalten Wasser aufsetzen. Beim Aufkochen mehrmals abschäumen. Dann zugedeckt 2 Stunden sanft kochen lassen. Die Brühe durch ein Haarsieb abgießen.

Rindfleischsuppe
500 g Suppenfleisch • 3 Markknochen • 10 Pfefferkörner • 1 Lorbeerblatt • 10 Pimentkörner • 2 Zwiebeln • 2 Möhren • 2 Petersilienwurzeln • 1½ l Wasser • Salz

Das Fleisch und die Markknochen mit den Gewürzen, den ungeschälten ganzen Zwiebeln und den geputzten Wurzelgemüsen mit dem kalten Wasser bedeckt aufsetzen, mehrmals abschäumen. Salzen und 3 Stunden zugedeckt kochen lassen. Abgießen, das Mark aus den Knochen nehmen, mit etwas heißer Suppe im Mixer pürieren und in die Suppe zurückgeben. Die Suppe verliert durch das Mark etwas an Klarheit, schmeckt aber dadurch besonders gut.

<u>Anmerkung:</u> Brühen und Suppen bekommen durch das Mitkochen von ungeschälten Zwiebeln eine besonders schöne und kräftige Farbe.

mit der Gabel hineintauchen und nach Fonduemanier in der Brühe garen. Zum Schluß wird die Brühe mit den Gemüseresten in Tassen gereicht.

So schmeckt's am besten: Zum Fleisch gibt es neben Salz, Pfeffer, eingelegten Gurken und Perlzwiebelchen nur kalorienarme Saucen aus unseren Rezepten (Seite 102 ff.).

Anmerkung: Eine Portion enthält etwa 920 Joule/220 Kalorien im Fleisch, 210/50 in der Hühner-Wein-Brühe, 375/90 in 2 Scheiben Pariser Stangenbrot und 585/140 in den Dips; das macht summa summarum 2095 Joule/500 Kalorien für ein rundes Essen! Da kann man sich ohne weiteres ½ l Rotwein oder Weißwein mit etwa 1255 Joule/300 Kalorien gönnen.

Maritime Fondue

Dieses schlanke Gericht ohne Dips enthält pro Person sogar nur etwa 735 Joule/175 Kalorien.

200 g Seezungenfilet • Zitronensaft • 200 g ausgelöste, gekochte Scampi • 200 g tiefgefrorene Jakobsmuscheln • 200 g frischer Tintenfisch • 1 l Hühnerbrühe • ½ Teel. getrockneter Dill

So wird's gemacht: Die Seezungenfilets in Streifen schneiden, rollen und mit Zitronensaft marinieren, ebenso wie die Scampi. Die aufgetauten Jakobsmuscheln abtrocknen und in Scheiben, den Tintenfisch in kleine Stücke schneiden. Die Hühnerbrühe zum Kochen bringen, Dill zufügen. Auf dem Rechaud weiterkochen lassen, das Meeresgetier hineinstippen und gar köcheln.

Fischfondue Theodor

Hierfür erhielt Theo Ruegg beim belgischen Küchenchef-Wettbewerb in Ostende den ersten Preis, und so wird sie auch in seinem Lokal »Chesa Ruegg« in München zubereitet.

Pro Person:
200 g Seezungenfilet • Salatblätter • insgesamt etwa 1 l Hühnerbrühe (Würfel)

So wird's gemacht: Die gesäuberten Seezungenfilets in kleine Stücke schneiden und auf einer Platte auf grünen Salatblättern arrangieren. Das sieht besonders appetitlich aus. Auf das Rechaud einen Topf mit kochender Hühnerbrühe stellen, die man aus Würfeln herstellen kann, dann ist sie nicht so fett. Kochen Sie die Brühe mit einem Suppenhuhn selbst, dann lassen Sie sie im Kühlschrank kalt werden und nehmen das Fett ab, sobald es als Platte obenauf schwimmt.

So schmeckt's am besten: Man stippt die garen Fischstücke in die folgende Spezialsauce; dazu gibt es grünen Salat und Salzkartoffeln. Die Brühe wird anschließend in Tassen serviert.

Spezial-Weißweinsauce mit Krabben

1 Zwiebel • 40 g Butter • 2 gestrichene Eßl. Mehl • ¼ l klare Fleischsuppe • ¼ l Weißwein • 2 Gewürznelken • 100 g Krabben • 1 Prise Salz • etwas Zitronensaft

So wird's gemacht: Die Zwiebel würfeln und in der heißen Butter glasig werden lassen. Das Mehl hinzugeben und unter Rühren kurz anschwitzen. Mit Suppe und Weißwein langsam löschen. Durchkochen. Die Gewürznelken und die Krabben dazugeben, mit Salz und Zitronensaft abschmecken und etwa 10 Minuten köcheln lassen. Einen Saucenlöffel mitservieren, denn die Sauce ist nicht nur zum Stippen da, sondern soll auch – schon wegen der Krabben – über die Kartoffeln gegeben werden.

Seafood-Fondue à la Chalet Suisse

Der Erfinder der Fischfondue soll der Schweizer Konrad Egli gewesen sein – wenn man von den chinesischen und mongolischen Feuertöpfen einmal absieht –, zumindest hat er sie nach Amerika gebracht und sie in seinem New Yorker Lokal serviert. Hier sein Rezept:

500 g Seezungenfilet • 12 große Jakobsmuscheln • 4 Hummer- oder Langustenschwänze
Für die Fischbrühe: 1 l Muschelsud aus der Dose • ½ l trockener Weißwein • ¼ l Wasser • 1 große Zwiebel • 1 große Möhre • 1 Bleichselleriestiel • 4 weiße Pfefferkörner • 1 Lorbeerblatt • ½ Teel. Salz

So wird's gemacht: Die Seezungenfilets in 5 cm lange Streifen schneiden, jede Jakobsmuschel in 3 Scheiben, die Hummerschwänze in bißgroße Stücke. Vor jedem Gast auf einer Platte die gemischten Meeresfrüchte anrichten. Für die Brühe die flüssigen Zutaten zusammengießen und zum Kochen bringen. Die Zwiebel und die Möhre schneiden, den Selleriestiel feinhacken. Die Gemüse und die Gewürze in den Sud geben und etwa 30 Minuten lang sanft köcheln lassen. Durch ein Sieb in den Fonduetopf gießen und auf ein Rechaud stellen. Jeder kocht sich seine Portion selber. Seezungenstreifen brauchen etwa 30–45 Sekunden, die Jakobsmuscheln 1 Minute und das Hummerfleisch knapp 1½.

So schmeckt's am besten: Dazu werden Zitronenachtel und verschiedene Saucen serviert. Ist alles gekocht, die wundervoll kräftige Brühe in Tassen gießen und servieren.

Unser Tip: Die Brühe mit ein wenig Safran nachwürzen und dünne, hart geröstete Brotscheiben dazu servieren, über die man mit einer Knoblauchzehe gefahren ist.

Fischfondue Ulrich Klever

Der Wein zu dieser Fondue soll herb und spritzig sein (von Mosel bis weißer Burgunder). Wie immer wird die Brühe zum Schluß zum Trinken angeboten.

500 g Seezungenfilet • Saft von 1 Zitrone • 1 Eßl. chinesische Sojasauce • 250 g Karpfen • 2 Eßl. Sangrita • 1 Eßl. Sherry • 1 Dose Fischbällchen oder selbstbereitete (Rezept Seite 123) • 250 g aufgetaute Langostinoschwänze • nach Geschmack gewürztes Salz
Für die Brühe: 1½ l Kalbsbrühe • 1 Lorbeerblatt • 5 Pfefferkörner • Salz • 1 Bund Dill oder 1 Teel. gefriergetrocknete Dillspitzen • ¼ l Weißwein

So wird's gemacht: Die Seezungenfilets in Scheiben schneiden und in Zitronensaft und Sojasauce mindestens 1 Stunde marinieren; den Karpfen in Stückchen schneiden und in eine Mischung aus Sangrita und Sherry einlegen. Die Fischbällchen aus der Dose nehmen, abtropfen lassen, die Langostinoschwänze mit etwas gewürztem Salz (Würzung nach Geschmack) bestreuen. Die Brühe mit den Gewürzen und dem Dill etwa 15 Minuten köcheln lassen, den Wein dazugießen und auf dem Rechaud wieder zum Sieden bringen. Getaucht und gegessen wird wie gelernt.

So schmeckt's am besten: Wir servieren Weißbrot dazu und Ulrichs

Schnelle Fischfonduesauce

1 Schächtelchen Helle Soße • ¼ l Wasser • 1 Eßl. Zitronensaft • 3 Tropfen Tabasco • eventuell noch ½ Teel. Dill

So wird's gemacht: Die helle Soße nach Anweisung auf der Packung mit dem Wasser anrühren und kochen. Mit dem Zitronensaft, dem Tabasco und, wer will, auch noch mit Dill kräftig würzen. Heiß servieren.

Mittelmeerfondue Arne Krüger

500 g Langostinoschwänze oder Scampi, tiefgefroren oder aus der Dose • 250 g vollfetter Schmelzkäse • 2 Zwiebeln • Saft von 1 Zitrone • ½ Teel. gekörnte Brühe • 1 l klare Fleischsuppe (Würfel) •

◁ Probieren Sie mal eine gemischte Fleischfondue auf orientalische Art mit Innereien. Vorzüglich! Rezept Seite 59

4 Eßl. gehackter Dill oder 1 Teel. getrocknete Dillspitzen • 1 Messerspitze Cayennepfeffer • ½ Teel. scharfer Senf • ½ Teel. Zucker

So wird's gemacht: Die Langostinoschwänze entweder auftauen oder aus der Dose nehmen, abspülen und gut abtropfen lassen. Den Schmelzkäse in Stückchen schneiden und die Zwiebeln ganz fein würfeln. Den Zitronensaft mit der gekörnten Brühe mischen, über die Langostinoschwänze tropfen und 10 Minuten marinieren lassen. Die klare Fleischsuppe im Fonduetopf zusammen mit dem Schmelzkäse zum Kochen bringen; dabei mit dem Schneebesen schlagen, so daß sich der Käse auflöst. Temperatur etwas drosseln. Die Zwiebeln und alle Gewürze von Dill bis Zucker einrühren und gerade eben sieden lassen. Aufs Rechaud stellen und die Langostinoschwänze etwa 1 Minute auf die Gabel gespießt darin kochen.

So schmeckt's am besten: Dazu gibt es Weißbrot und einen Rheinhessenwein.

Wenn wir jetzt die Gruppe der Fischfondues verlassen, haben Sie sicherlich gelernt, daß man durch verschiedenartige Kombinationen, durch Brühen und durch andere Beilagen wieder und wieder variieren kann.
Wie uns die japanische Küche in einem ihrer »Nabe«-Gerichte beweist: Nabe – das sind Eintöpfe, die man am Tisch kocht, wobei der Gast seine Speisen mit Eßstäbchen selbst in den Topf tunkt. Sie werden es schon bemerkt haben: »Nabe« kann man frei mit »Fondue« übersetzen. Unser Rezept:

Vielerlei-Fondue

750 g Langustenfleisch oder 1 Dutzend große Hummerkrabbenschwänze • ¼ l Wasser • 2 große Möhren • 100 g Glasnudeln • 250 g Seezungenfilet oder Seeaal • 4 Stangen Lauch oder 8 Stangen Zwiebelrohr • 1 Dose chinesische Muscheln • 1 l Hühnerbrühe

So wird's gemacht: Das Langusten- oder Hummerkrabbenfleisch in fingerdicke Scheiben schneiden. Das Wasser zum Kochen bringen. Die Möhren in dicke Scheiben schneiden, ins Wasser einlegen, aufkochen lassen und abgießen. Mit kaltem Wasser abschrecken. Die Glasnudeln in kaltem Wasser einweichen, 30 Minuten stehen lassen, abgießen und in fingerlange Stücke schneiden. Die Seezungenfilets oder den Aal in bißgroße Stücke schneiden, mit kochendem Wasser überbrühen, sofort wieder abgießen und sogleich kalt überspülen. Den Lauch oder das Zwiebelrohr in schräge Stücke schneiden. Die Muscheln aus der Dose abgießen, gut abtropfen lassen. Alle Zutaten auf einem oder mehreren Tabletts malerisch arrangieren. Die kochende Hühnerbrühe in die Mitte aufs Rechaud geben und wie gelernt »fonduen«.

Kalbfleischspießchen Bacchus

Bild Seite 65

Sie stehen zwischen Fisch und Fleisch und wurden von dem Gastronomen Karl Brunnengräber erfunden und von Werner Fischer beschrieben.

Pro Person:
150 g Kalbfleisch aus der kleinen Nuß • 6 Langustinenschwänze • 6 Champignonköpfe
Für die Bouillon: Hühnerbrühe • trockener Weißwein • Thymian • Rosmarin • Knoblauch • Petersilienwurzel • grober Pfeffer • Salbei

So wird's gemacht: Das Kalbfleisch hauchdünn schneiden und mit den Langustinenschwänzen und den Champignonköpfen locker auf Holzspieße stekken. Die Brühe aus den angegebenen Zutaten bereiten und auf dem Rechaud köcheln lassen.

So schmeckt's am besten: mit trockenem Reis, pikanten kalten und warmen Saucen wie Pfeffersauce, Estragonsauce, Tiroler Sauce, Cumberlandsauce mit Kirschen und Meerrettich, Currymayonnaise, Mangochutney und Pfeffergürkchen.

Feuertopf auf Weishamer Art

Das Vorbild für diese Fondue, die auch den Namen Fondue moderne oder Fondue orientale trägt, ist der Feuertopf. Hier unsere europäisierte Variante:

Fleisch von ½ Hähnchen (ohne Haut) • 1 kleines Schweinefilet • 200 g Rinderfilet • 4 Hühnerlebern • 250 g tiefgefrorene Hummerkrabben • einige Blumenkohlröschen • frische Champignons • Möhren • 1 Handvoll frische Spinatblätter • 4 Eßl. Sherry • 4 Eßl. Wasser • 2 gestrichene Eßl. Speisestärke • 1 l gute Hühnerbrühe • 4 Eier • 4 Eßl. chinesische Sojasauce

So wird's gemacht: Das Hähnchenfleisch roh in Streifen, das Schweinefilet und das Rinderfilet in hauchdünne Scheiben schneiden. Die Hühnerlebern würfeln, kurz brühen und gut abtrocknen. Die Hummerkrabben auftauen lassen. Die Blumenkohlröschen, die Champignons und die Möhren fein scheibeln. Zusammen mit den Spinatblättern und dem Fleisch roh, hübsch angerichtet, auf den Tisch stellen. Den Sherry mit dem Wasser und der Speisestärke verquirlen und in einem Schälchen bereitstellen. Auf dem Rechaud die Hühnerbrühe köcheln lassen. Vor jeden Gast ein Schüsselchen oder Schälchen mit je 1 rohen Ei und 1 Eßlöffel Sojasauce stellen. Nun gibt der Hausherr von allen Zutaten in die Bouillon und läßt 1 bis 2 Minuten kochen. Dann fischt er für jeden mit einem kleinen Schöpflöffel heraus, und man ißt – möglichst mit Stäbchen – aus seiner Schale, in der man Ei und Sojasauce miteinander verquirlt hat. Dann geben die Gäste selbst Zutaten in die Brühe, nicht ohne sie vorher in die Mischung aus Sherry, Wasser und Speisestärke getaucht zu haben. Man fischt sich aus dem Topf, was gar ist, und zum Schluß wird die inzwischen sehr köstlich gewordene Brühe verteilt und zusammen mit den Eiresten aus dem eigenen Schälchen geschlürft.

Bemerkungen über echte Feuertöpfe

Der Original-Feuertopf Chinas oder der Mongolei ist aus Messing, mit einem Schornstein in der Mitte (siehe Bild Seite 86). Es ist ein Topf mit Feuer im Inneren, das heißt man gibt in die Mitte, dort wo der Schornstein ist, glühende Holzkohle oder brennenden Hartspiritus hinein. Um diesen Glutbehälter herum befindet sich die Schüssel, in der die Bouillon kocht. Man kann heute nicht nur in Spezialgeschäften so einen Tischofen kaufen, der sehr dekorativ aussieht, aber auch recht teuer ist.
Das Eßritual selbst vollzieht sich nicht anders als bei einer Fondue mit Brühe. Die Chinesen beginnen beim Feuertopf-Kochen immer mit dem Fleisch, weil es die Brühe kräftiger macht, was den danach gekochten Gemüsen wieder zugute kommt.
Ostasien-Touristen kennen den Feuertopf als »Singapore Steamboat«. Älter soll der mongolische Feuertopf sein, der die Namen Dim-Lo und Shua-Yang-Jou tragen kann. Zu ihm gehört immer Lammfleisch, da die Mongolen große Hammelfreunde sind.

Mongolischer Feuertopf Nummer eins

Bild Seite 86

Hier ein Rezept für eine Runde von mindestens 6 Personen.

Zutaten für 6 Personen:
1500 g Lammfleisch ohne Knochen, aus Keule oder Schulter • 100 g Glasnudeln • 250 g frische Spinatblätter • 250 g Staudensellerie • 250 g Champignons • 1 gestrichener Eßl. Zucker • 8 Eßl. Sojasauce • 2 Eßl. Erdnußöl • 2 Eßl. Reiswein oder strohfarbener trockener Sherry • ½ Teel. Tabasco • 2 l Hühnerbrühe • 1 Eßl. Erdnußbutter • 1 Stange Lauch • 1 Stück frischer Ingwer (etwa 4 × 4 cm groß) • 2 Knoblauchzehen • 2 Eßl. gehackte glatte Petersilie

So wird's gemacht: Das Lammfleisch (nehmen Sie tiefgekühltes neuseeländisches und lassen Sie es etwas antauen oder legen Sie frisches für 2 Stunden in die Tiefkühltruhe) quer zur Faser hauchdünn schneiden, Größe wie eine Streichholzschachtel. Die Scheibchen auf Brettchen oder Tabletts dachziegelartig anrichten. Die Glasnudeln 30 Minuten weichen lassen und kurzschneiden. Auf einen flachen Teller legen. Den Spinat waschen, die Stiele entfernen, die Nudeln damit umkränzen. Den Staudensellerie in fingerlange Stücke schneiden und 2 Minuten in kochendem Wasser blanchieren. Die Champignons in dünne Scheiben schneiden und mit dem Staudensellerie auf einem weiteren Teller anrichten. Den Zukker in heißem Wasser auflösen. Aus der Sojasauce, dem Öl, dem Reiswein oder Sherry, dem aufgelösten Zucker, dem Tabasco und der in 2 Eßlöffeln heißer Hühnerbrühe aufgelösten Erdnußbutter eine Sauce rühren und diese auf sechs Portionsschüsselchen verteilen. Vor jeden Gast ein Schüsselchen stellen. Den Lauch und den Ingwer feinschneiden. Die Knoblauchzehen und die Petersilie hacken. Den Lauch, den Ingwer, den Knoblauch und die Petersilie in die sanft köchelnde Hühnerbrühe werfen. Das Fleisch mit Gabel oder Stäbchen in diese Bouillon tauchen und köcheln lassen, dann in die Sojasauce tauchen. Zum Schluß die Nudeln und das Gemüse in die Brühe geben, 1–2 Minuten sanft kochen und als letzten Gang in Suppenschüsselchen servieren.

Mongolischer Feuertopf Nummer zwei

Pro Person:
75 g Lammfleisch • 75 g Geflügelfleisch • 75 g Froschschenkel • 75 g Abalone • verschiedene feingeschnittene Gemüse • Pilze • verschiedene Würzsaucen • reichlich fettarme, fast salzlose, kräftige Hühnerbrühe (Rezept Seite 78) • 1 Ei

So wird's gemacht: Jeder Gast hat vor sich ein chinesisches Suppenschälchen. Man deckt eine Fonduegabel, Eßstäbchen und, wenn vorhanden, kleine Schöpflöffel aus Draht oder mit Sieb. Alle Zutaten auf Teller, Tabletts oder Schälchen verteilen, die Fülle ist unbegrenzt. Alles muß dünn geschnitten sein, so daß es in der heißen Brühe, die im Feuertopf köchelt, schnell gar wird. Man ißt, was einem gerade in den Sinn kommt und taucht es zum Würzen und Abkühlen in eine der verschiedenen Würzsaucen. Ab und zu schöpft man etwas Brühe, die man zum Essen trinkt, in sein Schälchen. Dafür muß heiße Brühe in den Feuertopf nachgefüllt werden. Am Ende des Mahles schlägt sich jeder Gast 1 Ei in die kochende Brühe, läßt es so weich oder hart pochieren, wie er es mag, und ißt es mit einem Schälchen Bouillon zum Abschluß der Zeremonie.

Feuertopf mit Chrysanthemenblüten

Bild Seite 114

Im Hamburger Restaurant »Tunhuang« aßen wir einen von S. H. Ling folgendermaßen beschriebenen Feuertopf voller Genuß.

80 g Glasnudeln • 1 große weiße Chrysantheme • 500 g Staudensellerie • Öl • 125 g Spinatblätter • 250 g Schweinefilet • 4 Hühnerbrüste • 250 g Langostinos • 250 g Hühner- oder Entenlebern • 4 Schweinenieren • 12 Austern oder in Scheiben geschnittene Jakobsmuscheln • 2 Eßl. Sherry • 1 gestrichener Eßl. Speisestärke • 2 Eßl. Wasser • 4 Eier • 4 Eßl. Sojasauce • 1½ l klare Hühnerbrühe (Würfel) • 2 gestrichene Teel. Salz • 1 Eßl. Schmalz

So wird's gemacht: Die Glasnudeln 30 Minuten in lauwarmem Wasser einweichen, gut abtropfen, in Stücke schneiden. Auf jeweils einen kleinen Teller legen: die gewaschenen Chrysanthemenblätter, den in kleine Stückchen geschnittenen Staudensellerie, die 1 Minute in heißem Öl schwimmend gebackenen Glasnudeln, die gewaschenen und abgetrockneten Spinatblätter, das hauchdünn geschnittene Schweinefilet, das ebenso geschnittene Hühnerfleisch, die halbierten Langostinos, die feingeschnittenen Lebern, die hauchdünn geschnittenen Nieren und die aus der Schale gelösten Austern. Sherry, Speisestärke und Wasser gründlich verrühren und über die verschiedenen Fleischsorten träufeln. Vor jeden Gast ein Schälchen mit 1 geschlagenen rohen Ei stellen, 1 Eßlöffel Sojasauce darunterziehen. Die kochende Brühe salzen und das Schmalz darin verrühren. Jetzt Gemüse, Nudeln, Fleisch und Langostinos portionsweise in den Topf geben, 2–3 Minuten kochen lassen und wieder herausfischen. Dann gibt die Gastgeberin die Chrysanthemenblätter in die Bouillon.

Anmerkung: Mehr ein symbolischer Akt, denn wir haben den Chrysanthemen-Feuertopf in einigen chinesischen Kochbüchern gefunden, doch ist er da immer ohne Chrysanthemenblätter beschrieben.

Einfache Variante (Bild): Vor- und Zubereitung bleiben gleich, nur die Beilagen ändern sich wie folgt: 1 Chrysantheme, 500 g Lauch in dicken Ringen, 100 g Glasnudeln, 1 Bambussprosse von etwa 200 g (Dose), 300 g Schweinefilet, 200 g Rinderfiletspitze oder Rinderlende, 2 Stauden Chicorée in Ringen, 6 Jakobsmuscheln in feinen Scheiben, 250 g Langostinos und 12 gefüllte Weinblätter.

Zehnerlei-Eintopf

Das heißt nach dem »Time-Life«-Kochbuch auf chinesisch: Shih-Chin-Nuan-Kuo – und ist wieder für eine 6-Personen-Runde gedacht. Wir haben das Rezept dem Original gegenüber etwas vereinfacht, da es sonst zu lang und zu kompliziert wäre.

Zutaten für 6 Personen:
8 getrocknete chinesische Pilze (nicht die schwarzen Mu-Err oder Wolkenohren) • 60 g Glasnudeln • 250 g Chinakohl • 500 g Spinatblätter • 12 Scheiben Bambussprossen (3 mm dick) • 2 Scheiben gekochter Schinken • 12 Fischbällchen (Dose oder selbstbereitet, Rezept Seite 123) • 12 dünne Scheiben Rindfleisch (in Größe einer Streichholzschachtel) • 20 g Butter • etwas gemahlener Sternanis • 5 Eßl. Sojasauce • 2 Teel. Reiswein • 12 kleine Scheiben Schweinelendchen • 1½ Teel. Zucker • Salz • 1 Knoblauchzehe • 4 Eier • 200 g Schweinehackfleisch • 2 gestrichene Teel. Speisestärke • 1½ l Hühnerbrühe • 1 Eßl. Sesamöl

So wird's gemacht: Die Pilze 30 Minuten in lauwarmem Wasser einweichen, die Stiele abtrennen und wegwerfen, die Hüte halbieren. Die Glasnudeln 30 Minuten in lauwarmem Wasser einweichen, abgießen, in Stücke schneiden. Den Chinakohl in Streifen schneiden, 1 Minute in kochendem Wasser blanchieren, gut abtropfen lassen. Die Spinatblätter in kleine Stücke reißen. Alle bisherigen Zutaten, dazu die Bambussprossenscheiben, den in Streifen geschnittenen Schinken und die Fischbällchen in Schüsselchen auf dem Tisch anrichten. Die dünnen Rindfleischscheibchen in der Butter anschmoren, bis sie ihre rosa Farbe verlieren, dann mit etwas Sternanis würzen, 2 Eßlöffel Sojasauce und den Reiswein dazugeben und verschmoren lassen. Die Schweinelendchenscheiben mit ½ Teelöffel Zucker, etwas Salz, 1 Eßlöffel Sojasauce und dem feingehackten Knoblauch einreiben und im Grill knusprig werden lassen. Die Eier verquirlen und 6–8 dünne Eierkuchen backen. Das Schweinehackfleisch mit der restlichen Sojasauce, der Speisestärke, dem restlichen Zucker und etwas Salz mischen und die Eierkuchen damit füllen. Aufwickeln und auf einem Sieb über kochendem Wasser zugedeckt 15 Minuten dämpfen. In Scheiben schneiden.
Alles anrichten. Die Hühnerbrühe zum Kochen bringen. Den Chinakohl, den Spinat und die Glasnudeln in einen Topf schichten – vor den erwartungsvollen Augen der Gäste. Darauf Schinken legen, die Fischbällchen, die Pilze, das Rindfleisch, die gefüllten Pfannkuchenscheiben, das Schweinefleisch und die Bambussprossen. Über dieses Zehnerlei die sehr heiße Bouillon so vorsichtig am Rand hinuntergießen, daß nichts durcheinandergerät. 10 Minuten leise köcheln lassen. Jeder Gast erhält sein Schälchen mit Eintauchsauce aus Sojasauce und Sesamöl und bedient sich mit Gabel oder Stäbchen.

Siedfleischfondue

Bild Seite 76

1½ l klare Fleischsuppe • 1 kg gutes Gulaschfleisch vom Rind oder Fleisch von der Schulternaht • 1 Stange Lauch • 2 Möhren • 1 Petersilienwurzel • 4 Pfefferkörner • ½ Lorbeerblatt

So wird's gemacht: Die Suppe zum Kochen bringen. Das Fleisch in 5 cm lange und 2 cm breite Stücke schneiden, hineingeben und 1 Stunde sanft kochen lassen. Den Lauch, die Möhren und die Petersilienwurzel putzen und kleinschneiden. Die Gemüse, das Lorbeerblatt und die Pfefferkörner in die Suppe geben und weitere 30 Minuten köcheln lassen. Oder alles im Dampftopf in 30 Minuten unter Druck garen. Den Fonduetopf auf das Rechaud stellen, die Suppe und die Siedfleischwürfel hineingeben, zum Köcheln bringen und die Fleischstücke mit der Fonduegabel herausfischen.

So schmeckt's am besten: Auf jeden Fall Bauernbrot, grobes Salz, Cornichons, Meerrettich mit und ohne Sahne, Preiselbeeren, Preiselbeer-Meerrettich-Dip (Rezept Seite 109) und Senf dazu anrichten.

Russische Fondue

Auf der Basis der Siedfleischfondue haben wir eine Suppenfondue entwickelt, die aus einer kräftigen Brühe und eingelegten Pelmenis besteht. Das sind verschieden gefüllte Teigtaschen, die man früher in Rußland hauptsächlich den Kutschern vorsetzte. Vorteil: Man kann die Pelmenis lange vor der Einladung zubereiten und in der Tiefkühltruhe aufbewahren, wie einst in den Eishäusern in Rußland. Diese Fondue ist für eine große Runde gedacht.

Für den Teig: 1 kg Mehl • 6 Eier
Für die erste Füllung: 1 Zwiebel • 300 g gehacktes Rindfleisch • 75 g gehacktes Schweinefleisch • Salz • Pfeffer • Knoblauchpulver • 1/8 l Wasser
Für die zweite Füllung: 250 g durchgedrehter Rotbarsch • 100 g feingehackte Krabben • Salz • Dill • 1 Handvoll feingehackter Spinat
Für die dritte Füllung: 200 g Sauerkraut • 50 g Speck • 200 g durchgedrehtes Kasseler • Salz • Pfeffer • etwas Kümmel
2½ l klare Fleischsuppe • Weinessig

So wird's gemacht: Aus dem Mehl, den Eiern und Wasser einen Nudelteig kneten und dazu so viel Wasser nehmen, daß man ihn ganz dünn ausrollen kann. Mit einem Glas von 4 cm Durchmesser runde Plätzchen ausstechen. Für die erste Füllung die Zwiebel feinhacken, mit den anderen Zutaten mischen, gut würzen und mit dem Wasser kräftig durchschlagen, so daß sie saftig und geschmeidig wird. Den durchgedrehten Fisch mit den Krabben, den Gewürzen und dem Spinat mischen und zur zweiten Füllung verarbeiten. Für die Füllung 3 das Sauerkraut ausdrücken und kleinhacken. Den Speck in winzige Würfel schneiden und knusprig braun braten. Beides mit dem Kasseler verkneten und kräftig würzen.
Auf jedes Teigplätzchen 1 Teelöffel Füllung setzen, den Teig zusammenklappen und die Ränder fest andrücken. Die beiden Enden nochmals zusammendrücken: jedes Pelmeni soll wie ein Häubchen aussehen. Auf ein mit einem Tuch bedecktes Brett oder auf ein Tablettchen legen und im Gefrierfach oder in der Tiefkühltruhe vorfrieren lassen, damit die Pelmenis beim Aufbewahren nicht zusammenkleben. Im Folienbeutel in die Kälte geben.
Die erste Partie Pelmenis unaufgetaut in die kochende Fleischsuppe auf dem Rechaud geben, wenn die Gäste schon da sind. Durchrühren, damit die Teigtaschen sich nicht am Boden ansetzen oder platzen. 15 Minuten leicht kochen lassen: sie sind fertig, wenn sie oben schwimmen.

So schmeckt's am besten: Jeder erhält einen Teller, in den er sich etwas Weinessig geben kann; das macht die Pelmenis bekömmlicher und würziger. Man fischt sich Pelmenis aus der Suppe – oder der Hausherr teilt sie aus –, gibt etwas Suppe dazu und genießt. Nun die zweite Partie in die Suppe geben. Man hält die Suppe zum eventuellen Nachfüllen vorsorglich in der Küche kochend heiß bereit. Die 15 Minuten, bis die nächsten Pelmenis gar sind, sind eine gute Trinkpause für einen kalten Wodka oder ein Bier.

Unser Tip: Wenn eine der Füllungen sich nicht bindet, kann man mit wenig Semmelbröseln nachhelfen. Das darf aber nicht auf Kosten der Saftigkeit gehen.

Die Suppenkasparfondue

Ähnlich können wir eine Suppenfondue mit verschiedenen Einlagen machen. Einige Vorschläge, die man schon am Nachmittag vorbereiten kann:

Rinderbouillon, Kalbfleischsuppe, Hühnerbrühe (Rezepte auf den Seiten 62 und 78)
verschiedene Einlagen nach Wahl

So wird's gemacht: Die Suppen auf das Rechaud stellen. Eine Schöpfkelle zum Selbstbedienen bereithalten. Jeder Gast erhält einen Suppenteller oder ein tiefes Schälchen und bedient sich nach Geschmack von den Suppen und den Einlagen, die in vorgewärmten Schüsselchen auf einer Wärmeplatte bereitstehen.

Einige Vorschläge für Suppeneinlagen:

Weißbrotwürfel: Brotwürfel in Butter rundum goldgelb braten. 1 Ei mit 6 Eßlöffeln Milch, 1 Prise Salz und Muskat verquirlen. Über die Würfel gießen und so vermengen, als wollte man einen Salat anmachen. In heißer Butter nochmals goldgelb braten.

Brot mit Mark: Kleine Scheiben von Pariser Brot toasten. Rindermarkscheiben auf einem Schaumlöffel kurz in die heiße Bouillon halten (das kann man am Tisch machen, indem man das Rindermark gesondert serviert und dann in der Fonduebouillon kurz fest werden läßt) und auf das Toastbrot legen. Salzen. Pfeffern. Zur Bouillon essen oder auf ihr schwimmen lassen.

Eierstich: 2 Eier, 4 Eßlöffel Milch, 1 Prise Salz, etwas Pfeffer und Muskat miteinander verquirlen. In einem ausgebutterten Becher oder in einer Aluform im sanft siedenden Wasserbad 30 Minuten stocken lassen. Stürzen. In Scheiben oder Würfel schneiden.

Variante 1: Reichlich gehackte Petersilie oder Kerbel oder Dill untermischen.
Variante 2: 1 Eßlöffel Tomatenmark und 1 Prise Zucker dazugeben.
Variante 3: 1 Messerspitze Muskat und 1 gestrichenen Teelöffel Edelsüßpaprika unterrühren.

Grießnockerl: 1 Ei, 1 Teelöffel Butter, 3 Eßlöffel groben Grieß, Salz, geriebene Muskatnuß und 1 winzige Prise Backpulver verrühren. 10 Minuten stehenlassen. Mit einem angefeuchteten Teelöffel Nockerl herausstechen und in die sanft sprudelnde klare Fleischsuppe geben. Schwimmen sie oben, zudecken und weitere 15 Minuten ziehen lassen. Die angegebene Menge ergibt 8 Nockerl, sie läßt sich mühelos vervielfachen. Mit Spezial-Nockerlgrieß klappt's bestimmt.

Unser Tip: Mit geschnittenem Schnittlauch bestreut, schmecken die Nockerl nochmal so gut.

Leberspätzle: 100 g geschabte Rinder- oder Schweineleber mit ½ feingehackten Zwiebel und gehackter Petersilie sowie 6 gehäuften Eßlöffeln Semmelbröseln, 1 Ei, 30 g flüssiger Butter, Salz und 1 Prise Majoran gut verrühren. Durch einen groblöcherigen Durchschlag in die kochende Brühe tropfen, 5 Minuten sieden lassen, herausfischen und anrichten. Es gibt auch tiefgefrorene Leberspatzen, die man unaufgetaut in die Suppe gibt.

Blitzknödelchen: In 20 g Butter oder Margarine 1 Eßlöffel feingehackte Petersilie anschmoren. 1 Ei mit Salz, Pfeffer und Edelsüßpaprika verquirlen, 2 Eßlöffel Semmelbrösel und die Fett-Petersilie dazurühren. 10 Minuten stehenlassen. Knödelchen mit der Hand daraus formen, in die kochende Suppe geben und 10 Minuten ziehen lassen. Herausfischen und gesondert anrichten.

Varianten: Champignons oder Schinken oder Krabben oder Huhn, feingehackt, daruntergeben.

Wir könnten Ihnen jetzt auch noch das Rezept der japanischen Huhn- und Gemüsefondue Tori Mizutaki oder der Shabu Shabu (Rindfleisch und Gemüse in Hühnerbrühe) aufschreiben, aber es sind (mit geringen Abweichungen) nichts als Wiederholungen der Feuertöpfe. Man gibt feingeschnittenes Fleisch und verschiedene Gemüse in heiße Bouillon. Erfinden Sie einfach Ihre eigene Spezial-Feuertopf-Fondue und geben Sie ihr einen fabelhaft exotisch klingenden Namen.

Italienische Tomatenfondue

So nennen wir diese Rezept-Variante. Hier wird in roter Fleischsuppe gekocht.

500 g Hühnerbrust • 500 g Kalbslende • 1 kg kleine, säuerliche Tomaten • 2 Zwiebeln • 4 Eßl. Olivenöl • 1 gestrichener Eßl. Zucker • 1 gestrichener Teel. Salz • 1 Teel. getrockneter Oregano • schwarzer Pfeffer • 2 Eßl. Tomatenmark • etwa 1¼ l Hühnerbrühe • 100 g geriebener Parmesankäse

So wird's gemacht: Das rohe Fleisch im Tiefkühlfach etwa 2 Stunden anfrieren lassen. Die Tomaten (sizilianische eignen sich am besten) schneiden, die Zwiebeln würfeln und beides im Öl anschmoren (die Zwiebeln sollen fest bleiben). Den Zucker, das Salz, den Oregano, Pfeffer und das Tomatenmark dazugeben und 20 Minuten köcheln lassen. Eventuell mit etwas Brühe auffüllen. Das so gewonnene Tomatenpüree durch ein Sieb streichen und mit reichlich 1 l Hühnerbrühe auffüllen. Auf das Rechaud stellen. Das angefrorene Fleisch hauchdünn schneiden und wie gelernt in der Tomatenbrühe kochen. Dann in den Parmesankäse stippen, den jeder Gast in einem Schälchen vor sich stehen hat.

Varianten: Die Kochbrühe noch mit reichlich Knoblauch würzen oder – dann wird es noch pikanter – am Tisch 2–3 Eßlöffel Italian Dressing hineinrühren.

Bevor wir zum japanischen Sukiyaki übergehen, einer inzwischen weltweit verbreiteten Fondue, die weder zu den Fett- noch zu den reinen Bouillonfondues zählt, kommen wir zu einer Art Zwischenform. Da in Wein gekocht wird, nennen wir das Gericht

Punschfondue

1½ l Rotwein (Beaujolais, Pfälzer oder Kalterer) • 5 Pimentkörner • 10 schwarze Pfefferkörner • 1 Nelke • 10 Korianderkörner • ½ Zimtstange • 1 Lorbeerblatt • 1 gestrichener Eßl. Zucker • 2 gestrichene Teel. Salz • 1 gestrichener Teel. grobgemahlener Pfeffer • 1 gestrichener Teel. Knoblauchsalz • 800 g Rinderfilet oder Kluft

So wird's gemacht: Den Wein in den Fonduetopf geben. Die Pimentkörner, die Pfefferkörner, die Nelke, die Korianderkörner, die Zimtstange und das Lorbeerblatt in ein Mullbeutelchen binden und in den Wein hängen. Zum Sieden bringen. Den Zucker hinzufügen. Das Salz und den grobgemahlenen Pfeffer in eine trockene Gußeisenpfanne geben und stark erhitzen; dabei mit einem Holzlöffel gut verreiben. Das Knoblauchsalz zufügen und diese Mischung auf Tellerchen geben.
Das Fleisch in feine, kleine Scheiben schneiden und wie gelernt im Wein kochen, dann in das gewürzte Salz stippen.

So schmeckt's am besten: mit warmem Knoblauchbrot (Rezept Seite 124) oder Pariser Brot (siehe auch Rezept Seite 119).

Variante: Diese Fondue läßt sich auch mit Weißwein machen. Dann kochen Sie aber statt Rind- Hühnerfleisch oder Kalbslendchen darin.

Sukiyaki oder Eine Fondue repräsentiert Japans Küche

Nun zum Sukiyaki, einer Fondue, die Japans Küche repräsentiert. Sukiyaki – das »u« bleibt beim Aussprechen stumm: es heißt also Ski-ja-ki – ist *das* typisch japanische Gericht. Meinen wir! Dabei spielt Fleisch in der Küche Japans nur eine untergeordnete Rolle. Es war das Essen der Jäger und Hirten, die das getötete Tier »auf einer Pflugschar brieten«, wie die Übersetzung wörtlich heißt. Was wiederum dafür spricht, daß es sich um ein Barbecue handelt, um Gegrilltes unter freiem Himmel. Doppeltes Mißverständnis: Sukiyaki ist für Japan nicht typisch, und außerdem wird nichts gegrillt. Es wird in einer gewürzten Kochflüssigkeit geschmort. Die Zuberei-

Sukiyaki auf meine Art, im Originaltopf, schmeckt unseren ▷
Gästen immer ausgezeichnet. Rezept auf dieser Seite

tung ist immer gleich, Rezeptvarianten gibt es eine ganze Menge.
Zum Sukiyaki trinkt man stilecht Bier (die Japaner sind große Biertrinker), oder aber man schlürft fernöstlich warmen Reiswein.

Sukiyaki auf meine Art

Bild gegenüber

Beginnen wir mit der, die ich, Ulrich Klever, aus Japan mitbrachte und für den europäischen Gebrauch zurechtprobierte.

600–800 g Rumpsteak • 200 g Zwiebeln • 200 g Möhren • 200 g Lauch • 100 g Kopfsalat • 1 kleine Dose Bambussprossen • 1 kleine Dose (besser noch frische) Sojabohnenkeime • 6 chinesische Pilze • 1 Handvoll Spinatblätter • 125 g Sojabohnenkäse (Tofu) • ½ l Hühnerbrühe • 0,1 l japanische Sojasauce • 0,1 l Mirin (süßer Reiswein, schwächer als Sake) oder heller, trockener Sherry • 1 gestrichener Teel. Streuwürze • 1 Prise Zucker • 2 Eßl. Öl • 4–8 Eigelbe • 200–300 g gekochter Reis

So wird's gemacht: Zunächst das Fleisch in hauchdünne, spielkartengroße Scheiben schneiden und dekorativ auf einem weißen oder schwarzen Tablett arrangieren. Dann die Zwiebeln hauchdünn hobeln, die Möhren in lange dünne Streifen, die sich etwas rollen sollen, und den Lauch in Scheiben schneiden, möglichst diagonal zur Stange. Den Salat streifig, die Bambussprossen ganz dünn schneiden – man könnte sie anschließend rund ausstechen –, die Sojabohnenkeime abtropfen lassen und auseinanderzupfen. Die Pilze 30 Minuten in lauwarmem Wasser weichen lassen, die harten Stiele abschneiden und die Hüte in Streifen schneiden. Die Spinatblätter mit der Küchenschere rechteckig schneiden. Den Sojabohnenkäse in dünne schmale Scheiben schneiden. Alles auf Tabletts möglichst geschmackvoll und farbenfroh dekorieren. Die Hühnerbrühe mit der Sojasauce und dem Wein verrühren, mit der Streuwürze und dem Zucker abschmecken. Für das notwendige Salz sorgt die Sojasauce. Die Flüssigkeit erhitzen.
Im Sukiyakitopf – der echte ist aus Eisen und sieht wie eine kräftige Springform aus – die ersten Fleischscheiben und etwas Gemüse in ein wenig Öl anbraten, mit der heißen Brühe zweifingerbreit auffüllen und auf dem Rechaud weiterköcheln lassen. Jeder Gast erhält ein Schälchen mit einem rohen Eigelb und ein Schälchen mit gekochtem Reis. Der Hausherr teilt aus dem Topf aus, und jeder ißt aus seinem Schälchen, in dem er Gemüse und Fleisch mit dem Ei vermischt. (Vorsorglich für jeden Gast ein zweites Eigelb bereithalten). Es darf im Topf immer nur so viel Brühe sein, daß Fleisch und Gemüse mehr schmoren als kochen. Bald wird man selbst nachlegen und zu fischen beginnen, und es ist alles so, wie bei einer europäischen Fondue. Nur wird Sukiyaki mit Stäbchen gegessen (wer's nicht kann, nimmt Fonduegabeln). Und man kniet dabei eigentlich an einem niedrigen Tisch.

Nützlicher Hinweis: Sojabohnenkäse ist eine Art fester Quark, erhältlich in Spezialgeschäften.

Sukiyaki alltäglich

500 g zartes Rindfleisch (Lende oder Kluft) • 500 g Lauch • 200 g Spinat- oder Kopfsalatblätter • 150 g Champignons oder 20 g getrocknete Pilze (Shiitake) • 1 kleine Dose Bambussprossen • 60 g Reisnudeln (Shirataki) • einige Stücke Rindernierenfett • 1 Eßl. japanische Sojasauce • 1 gestrichener Teel. Zucker • 1 Teel. Sake (Reiswein) • 4 Eier • trocken gekochter Reis

So wird's gemacht: Das Rindfleisch in dünne Scheiben schneiden. Den Lauch in etwa 5 cm lange Scheiben, die Spinat- oder Salatblätter in Streifen schneiden, die Pilze (getrocknete Pilze vorher in Wasser quellen lassen) und die Bambussprossen erst in Scheiben, dann in Stifte schneiden. Die Reisnudeln in kochendes Wasser werfen, einmal aufkochen lassen, herausnehmen und sofort in fingerlange Stücke schneiden.
Den Sukiyakitopf auf das Rechaud stellen und erhitzen. Mit Nierenfett gut ausreiben, dann das Fett

◁ Fonduefans, die einmal etwas Neues bieten wollen, sollten die herzhafte Siedfleischfondue versuchen. Rezept Seite 70

darin schmelzen lassen. Die Sojasauce, den Zucker und den Sake dazugeben. Ist alles heiß geworden, etwas Gemüse hineingeben. 10 Minuten schmoren lassen; das Gemüse gibt dabei noch Flüssigkeit ab. Dann einige Scheiben Fleisch dazugeben – auch sie sollen braun schmoren.
Auch die Reisnudeln in den Topf geben. Ein Schälchen mit einem verquirlten rohen Ei und eines mit ungesalzenem trockenem Reis vor jeden Gast stellen. Beim Essen nach und nach alle Zutaten schmoren. Eventuell noch etwas Nierenfett, Sojasauce und Sake nachgießen.

Sukiyaki japanische Art

Bevor wir zum eigentlichen Rezept kommen: das Rindfleisch sollte fettdurchwachsen sein. Gut eignet sich Hochrippe, am besten jedoch Fleisch von Kobe-Ochsen, die das beste und teuerste Rindfleisch der Welt liefern. Um diese überragende Fleischqualität zu erreichen, werden die Kobe-Ochsen täglich mit Alkohol (japanischem Gin) massiert, wodurch das Fett sich so zwischen die Muskeln verteilt, daß das Fleisch wie marmoriert aussieht. Außerdem bekommen sie im letzten Jahr, vor dem Schlachten, Bier zu trinken.

500 g Rindfleisch ohne Knochen • 1 Dose Bambussprossen • 6 Frühlingszwiebeln mit Grün • 1 große Zwiebel • 6 Champignons • 12 Tofu-Würfel (Sojabohnenkäse) • 200 g Reisnudeln • 1 Kästchen Kresse • 1 Stück Rindernierenfett • 6 Eßl. japanische Sojasauce • 3–4 Eßl. Zucker • 6 Eßl. Reiswein (Sake)

So wird's gemacht: Das Fleisch wie gelernt dünn schneiden, ebenso die Gemüse und den Käse. Die Reisnudeln in kochendes Wasser geben, einmal aufkochen, abgießen und kleinschneiden. Alles hübsch anrichten, auch die Kresse und die Reisnudeln. Die Sukiyakipfanne erhitzen und mit Rindernierenfett ausreiben. Die ersten 6 Fleischscheiben hineingeben. Sojasauce darübergießen und mit Zucker bestreuen. Nach 1 Minute das Fleisch umdrehen und dabei die Flüssigkeit durchrühren. Das Fleisch beiseite schieben, etwa ⅓ aller anderen Zutaten in die Pfanne geben und Sake darübergießen. Weitere 5 Minuten schmoren. Jetzt kann gegessen werden. Droht die Pfanne zu heiß zu werden, etwas Wasser zugießen. Diese Variante wird nicht mit Ei serviert.

Rindfleischfondue Puegogi

Für diese Fondue aus Korea benutzen wir unseren Sukiyaki-Topf, der dem einheimischen Fonduetopf am nächsten kommt. Man kocht darin zunächst die Gemüsebrühe für alle. Dazu braucht man noch chinesische Porzellanlöffel oder normale Eßlöffel und Tellerchen.

Brühe für alle: ¾ l sehr kräftige Hühnerbrühe • ½ l Sojasauce • 50 g Ginsengwurzel (Reformhaus) • 100 g Bambussprossen (Dose) • 100 g Sojabohnenkeime, frisch oder aus der Dose • 50 g frischer Ingwer • 1 Paprikaschote • 100 g frische Champignons • 100 g Möhren • 5 Knoblauchzehen • Salz • frischgemahlener Pfeffer • 1 Zweig Gartenminze oder ¼ Teel. getrocknete Minze
Dann brauchen Sie noch pro Person: 4 dünne, warme Reismehlpfannküchlein von etwa 10 cm Durchmesser (Rezept Seite 124) • 100 g etwa ½ cm dicke, 4 cm große Scheibchen Ochsenfilet • 30 g geschnetzelte Kalbsleber • 50 g feingeschnittene Hähnchenbrust mit Haut • 30 g Krabben aus der Dose • weitere Sojasauce zum Tauchen

So wird's gemacht: Die Hühnerbrühe und die Sojasauce im Sukiyakitopf mischen. Die Gemüse einschließlich der Möhren putzen und wie sehr feine Julienne schneiden (fadennudelartig). Mit den Knoblauchzehen und den Gewürzen in der kalten Hühner-Sojasaucen-Mischung auf das Rechaud geben und etwa 10 Minuten kochen lassen.

So schmeckt's am besten: Jeder Gast hat hübsch angerichtet seine Portion an Fleisch und Krabben vor sich stehen, die Reismehlpfannküchlein werden auf einem Teller gestapelt dazugestellt. Außerdem noch je 2 Schüsselchen Sojasauce süß und salzig (manis und asin), beide Sorten mit etwas von dem abgegossenen Krabbensud würzig abgerührt. Nun gibt jeder von sämtlichen Zutaten je einige Stückchen auf seinen Löffel, stellt (Porzellanlöffel) oder hält (Eßlöffel) ihn in den Sud und läßt nach Belieben garen und heiß werden. Inzwischen nimmt man sich ein Reismehlpfannküchlein, gibt dann das Gekochte darauf – nicht vergessen, auch ein bißchen Gemüse oder Pilze mit aus der Brühe holen – und rollt es in das Pfannküchlein ein. Die gefüllten Reiskuchen werden mit der Hand gegessen und vor jedem Bissen in eine der beiden Sojasaucen gestippt.

Vietnamesischer Feuertopf

Wir haben in diesem und in dem folgenden Rezept neben den Originalzutaten auch noch Ausweichmöglichkeiten bei den Zutaten aufgeführt, falls es Ihnen nicht möglich sein sollte, das eine oder andere zu bekommen. Es gibt aber alle Originalzutaten in Spezialgeschäften mit großem Ostasien-Sortiment zu kaufen.

200 g Rindfleisch (Lende) • 150 g Hühnerbrust ohne Haut • 100 g Fischfilet • 150 g frischer Tintenfisch • 150 g Scampi, gekocht, ohne Schale • 200 g frische Sojabohnenkeime • 1 Bund Korianderzweiglein • 1 Rohrzwiebel • 1 Bund Gartenminzezweiglein • 1 Kopfsalat • 1 Salatgurke • 2 Zitronen • 1 Glas Silberzwiebeln • Milch aus 2 Kokosnüssen oder ⅛ l Wasser und ¼ l lauwarme Milch • 10 Reisblätter • 200 g Glasnudeln • 1 Zwiebel • 1 Glas Sweet-and-Sour-Sauce (Amoy) • 1 Dose Hoisin-Sauce oder Chilisauce (Amoy, sehr scharf) • 4 Eßl. Nuoc-mam-Sauce (verdünnt) oder ⅛ l Sukiyaki-Sauce (Kikkoman) • 4 Eßl. Nuoc-mam-Sauce pur oder Mammi-Sauce (Kikkoman) • 2 Eßl. Öl • 1 Knoblauchzehe • 1 Prise Zucker • frischgemahlener Pfeffer • Salz

So wird's gemacht: Das Rindfleisch vom Fleischer

Hühner- und Fischbrühe für die Fondue

Klare Hühnersuppe
Fleischloses Gerippe von 2 Hühnern oder einem Truthahn • 3 große Zwiebeln • 1 Möhre • 1 Stück Knollensellerie • 1 Bouquet garni (Kräutersträußchen) • Salz • Eiweiß • Zitronensaft • trockener Weißwein nach Bedarf

Die kleingebrochenen Gerippe, die ungeschälten ganzen Zwiebeln, die geputzte Möhre, das gewaschene Selleriestück und das Bouquet garni mit reichlich kaltem Wasser bedeckt aufsetzen, salzen und 4 Stunden sanft kochen. Abgießen, erkalten lassen, abfetten. Die Hühnersuppe abmessen, erwärmen und pro 1 Liter 1 Eiweiß, 1 Teelöffel Zitronensaft und 2 Eßlöffel trockenen Weißwein darunterschlagen, bis das Eiweiß ganz gelöst ist.

Anmerkung: Diese Brühe ist so kräftig, daß sie sich fast salzlos herstellen läßt.

Fischbrühe
Hierzu lesen Sie bitte das Rezept vom Erfinder der Fischfondue chinoise, dem Schweizer Konrad Egli, auf Seite 63. Oder Sie nehmen als Basis 1 kg Fischgräten und -köpfe, kochen diese mit reichlich Salzwasser, Fischgewürz und ungeschälten Zwiebeln 2–3 Stunden. Dann abgießen und nach Belieben mit Wein verfeinern.

quer zur Faser in dünne Scheibchen schneiden lassen. Die Hühnerbrust mit Küchenkrepp trockentupfen und gleichfalls quer in Scheibchen schneiden. Das Fischfilet und den Tintenfisch abbrausen, trocknen und in bißgroße Stücke schneiden. Die Scampi längs halbieren, Innenstrang entfernen. Die Sojakeime abbrausen und abtropfen lassen. Die Korianderzweige und die Rohrzwiebel feinhacken, die Gartenminze in ganzen Zweiglein belassen. Den Kopfsalat putzen, waschen und ganz trocken schleudern. Die Salatgurke heiß abbürsten, dann feinhobeln. Die Zitronen gleichfalls unter heißem Wasser bürsten, abtrocknen und in feine Scheiben schneiden. Die Silberzwiebeln abtropfen lassen. Die Reisblätter quer halbieren und in der Kokosnußmilch etwas weichen (oder in der Milch-Wasser-Mischung), das heißt: jedes Reisblatt mehrmals darin wenden, dann auf ein feuchtes Tuch legen. Die Glasnudeln 5 Minuten in kochendes Wasser geben, dann durch ein Sieb abtropfen lassen. Die Zwiebel schälen und in feine Ringe hobeln.
Alle vorbereiteten Zutaten, außer den Glasnudeln und den Reisblättern, auf einem großen Servierteller oder einer Drehplatte anordnen: die 3 Saucen in getrennten Schüsselchen in die Mitte stellen, darum herum dann Rindfleisch, Hühnerbrust, Fischfilet, Tintenfisch und Scampi rosettenförmig legen. Um den äußeren Tellerrand die Gurkenscheiben, Silberzwiebeln, Sojakeime und Kopfsalatblätter geben und mit den Gartenminzezweiglein und Zitronenscheiben garnieren. Die Reisblätter erst, wenn die Brühe auf dem Rechaud kocht, auf einen Teller schichten und auftragen.
Für die Brühe die Kokosmilch oder das Milchwasser zusammen mit den Glasnudeln und der Nuoc-mam-Sauce oder der Mammi-Sauce in einen Topf geben, mit dem Zucker, Pfeffer und Salz abschmecken, das Öl zufügen und den Knoblauch daranpressen. Kurz aufkochen, dann in den Feuertopf oder die Sukiyakipfanne – diese verwenden wir dafür – gießen. Die kochende Brühe auf einem Rechaud mit kleinster Flamme oder einer guten Warmhalteplatte in die Tischmitte stellen.

So schmeckt's am besten: Jeder bedient sich nun mit den Zutaten und hält sie mit Eßstäbchen oder Fonduegabel in die Brühe. Zunächst auf ein Reisblattviertel einige der rohen oder auch gekochten Gemüsezutaten legen, zum Schluß das gekochte Fleisch oder den gekochten Fisch, zusammenrollen und in eine der Saucen tauchen. Es darf und wird mit den Fingern gegessen.

Nützlicher Hinweis: Die Zutaten sollten nicht zu lange garen. Besonders gut schmeckt gerade das Rohe dazu.

Vietnamesischer Essigtopf

Eine Rezept, das wir nach Tien Huu »Zauber der vietnamesischen Küche« für uns etwas umprobiert haben und – neben dem guten Geschmack – besonders lieben, da wir hierfür unsere große Holz-Drehplatte gebrauchen können, die meist etwas verwaist im Küchenschrank steht. Zusätzlich braucht man noch Eßschalen oder kleine Teller, Eßstäbchen oder Fonduegabeln.

600 g mageres Rindfleisch • ½ Teel. frischgemahlener Pfeffer • ½ Teel. Salz • 1 große Kokosnuß • ½ l Weinessig • 1 Teel. Öl • 2 Eßl. Nuoc-mam-Sauce oder Mammi-Sauce (Kikkoman) • 2 gestrichene Teel. Zucker • 1 Knoblauchzehe • 1 frische Ananas • 1 Kopfsalat • 200 g frische Sojabohnenkeime • 1 Glas Silberzwiebeln (340 g) • 1 Salatgurke • 1 Bund Gartenminzezweiglein • 1 Bund Korianderzweiglein • 2 Zwiebeln • 10 Reisblätter • 1 kleine Flasche Mam-nem-Sauce oder Bentang Ketjap manis (süßliche Sojasauce) • Saft von 2 Zitronen

So wird's gemacht: Das Rindfleisch mit Küchenkrepp trockentupfen, quer zur Faser in dünne Scheiben, dann in 3 cm breite Streifen schneiden. Leicht pfeffern und salzen. In die Kokosnuß zwei Löcher bohren, die Milch herauslaufen lassen. Die Hälfte der Kokosmilch mit dem Essig, dem Öl, der Nuoc-mam-Sauce oder Mammi-Sauce und 1 Teelöffel Zucker mischen, den Knoblauch daranpressen, aufkochen und in den Feuertopf gießen.
Die Ananas in Scheiben schneiden, Schale rundum abschneiden, dann die Fruchtscheiben würfeln; eventuell den harten Mittelstrang wegschneiden.

Den Kopfsalat abblättern, die Blätter waschen und unzerkleinert abtropfen lassen. Die Sojakeime einmal überbrausen und abtropfen lassen. Die Silberzwiebeln abgießen und abtropfen lassen. Die Gurke heiß waschen und bürsten, dann mit der Schale in sehr feine Scheiben hobeln. Die Gartenminze- und Korianderzweiglein nicht zerpflücken. Die Zwiebeln schälen und in feine Ringe hobeln. Die Reisblätter vierteln, in der restlichen Kokosmilch wenden und zunächst auf ein feuchtes Tuch legen.
Für die Sauce die Hälfte der Mam-nem-Sauce oder Sojasauce manis mit dem restlichen Zucker, dem Zitronensaft und 3 Eßlöffeln sehr fein gehacktem Ananasfleisch mischen. Restliche Sauce pur anbieten. Diese Saucenschüsselchen in die Mitte der Drehplatte oder eines großen Serviertellers stellen. Alle Beilagen darum herum dekorativ und abwechselnd anordnen: Rindfleisch, Kopfsalat, Sojakeime, Gurkenscheiben und Silberzwiebeln. Mit der Gartenminze und den Korianderzweigen dekorieren. Den Feuertopf mit der heißen Brühe auf eine Warmhalteplatte oder bei kleiner Flamme auf ein Rechaud geben. Den großen Servierteller oder die Drehplatte dazustellen. Außerdem die Reisblätter, auf einem Teller gestapelt.

So schmeckt's am besten: Nun gibt jeder mit den Eßstäbchen oder der Fonduegabel Fleischstückchen in die Brühe und läßt sie garen. Inzwischen breitet man ein Reisblatt und/oder ein Salatblatt in der Eßschale oder auf dem Teller aus und gibt Beilagen und abgezupfte Kräuterblättchen darauf. Man holt sich mit Eßstäbchen oder Gabel Fleisch aus der Brühe, gibt es auf die Beilagenmischung, rollt das Reis-Salat-Blatt zu einem Päckchen zusammen, taucht es in die Sauce und beißt stückchenweise ab.

Nützliche Hinweise: Statt der natürlichen Kokosmilch kann man auch eine halbe Kokosnuß im Mixer pürieren, Wasser dazugeben und nach 10 Minuten auspressen. Man darf auch eine Mischung aus Wasser und Kuhmilch zu gleichen Teilen machen.
Gartenminze und frischer Koriander sind oft schwer zu bekommen. Man zieht sie sich am besten selber. Reisblätter sind kreisförmige (25 cm Durchmesser), getrocknete, fast durchsichtige Kuchen aus Reismehl. Sie gibt es in Spezialgeschäften.

Fischfondue Katou

Die roten Eier (Rogen), auch Mark oder Corail, der Jakobsmuscheln kommen meist nicht mit auf den Tisch, da ihnen der Hausherr nicht widerstehen kann und sie vorher alleine schnabuliert. So ist es häufig bei uns der Fall.

400 g Heilbutt • 200 g Haifischsteak • 200 g Forelle • Saft von 2 Zitronen • Salz • weißer Pfeffer • 12 tiefgefrorene Jakobsmuscheln • 1 l Fleisch- oder Hühnerbrühe • Currypulver oder Safran

So wird's gemacht: Die Fische filetieren und in bißgroße Stücke schneiden, mit Zitronensaft übergießen und 1 Stunde marinieren lassen. Dann gut trockentupfen und nur die Haifischstückchen noch zusätzlich mit Pfeffer übermahlen. Die Jakobsmuscheln leicht antauen lassen, rote Eier (Corail) entfernen, trockentupfen und anrichten. Die Hühnerbrühe erhitzen, auf das Rechaud geben und je nach Geschmack mit Curry würzen oder mit Safran gelb färben. Den Safran dazu vorher in etwas Wasser lösen und zugeben. Nun kann mit dem Sieden bei Tisch begonnen werden.

So schmeckt's am besten: mit Aioli, mit Weißweinsauce mit Krabben (Rezepte auf den Seiten 103, 63) und reichlich winzigklein gehacktem Ingwer.

Scampi chinoise

500 g Scampi oder Nordsee-Langustenschwänze • einige Salatblätter • 1 Dose Tintenfisch nature • 1 Dose Muscheln, naturell eingelegt • ¾ l klare Fleischsuppe • frischer Dill • 100 g Butter • Salz • Tabasco

So wird's gemacht: Die Scampi auf Salatblättern anrichten. Tintenfisch und Muscheln abgießen, gut abtrocknen und dazugeben. Die Fleischsuppe zum Kochen bringen. Den Dill feinhacken und mit der Butter, etwas Salz und dem Tabasco verkneten. In 4 Portionsschälchen geben. Die klare Fleischsuppe auf dem Rechaud kochen lassen. Scampi, Muscheln und Tintenfisch abwechselnd aufspießen und etwa 1 Minute sieden lassen. Heiß kurz in die Dillbutter stippen, dann erst in die Saucen tauchen.

So schmeckt's am besten: mit Aioli und Haselnußsauce (Rezepte auf den Seiten 103 und 106). Es darf Reis dazu geben.

Fondue nach Art der Neuen Küche

Die Japaner haben immer schon Fisch roh gegessen, was köstlich schmeckt, wenn der Fisch wirklich frisch ist und hauchdünn aufgeschnitten wird. Die Köche der Nouvelle Cuisine haben den rohen Lachs, die rohen Jakobsmuscheln als Vorspeise entdeckt, die Besitzer vom »Le Duc« am Boulevard Raspail in Paris haben sich auf Rohkost vom Fisch spezialisiert. Hier also eine Fondue, wenn wir einmal etwas Ausgefallenes bieten wollen.

200 g Jakobsmuscheln • 200 g St. Pierre (Heringskönig) • 200 g rohes Lachsfilet • 200 g Schollenfilets • 200 g Heilbuttfilet • Zitronensaft • bestes Olivenöl • bestes Walnußöl • Crème fraîche • grüner Pfeffer

So wird's gemacht: Den wirklich frischen Fisch – wir rechnen pro Person 200 g, es müssen also nicht alle oben aufgeführten Sorten sein – kurz in das Gefrierfach geben und dann mit dem Allesschneider oder dem Elektromesser hauchfein schneiden. Auf ein bis zwei Platten ausbreiten. Dazu Zitronensaft in einem Kännchen, bestes Olivenöl in einem Kännchen, bestes Walnußöl in einem Kännchen, Crème fraîche und grünen Pfeffer stellen.

So schmeckt's am besten: Man nimmt sich rohen Fisch auf den Teller und würzt ihn sich tropfenweise nach Geschmack.

Damit der Dip-Charakter (wir schreiben hier ein Fonduebuch) erhalten bleibt, stellen wir zwei Schälchen mit folgenden Marinaden auf, in die man die Fische auch tauchen kann.

Zwei Marinaden für rohen Fisch

2 Eßlöffel Sherry-Essig mit 3 Eßlöffeln Nußöl, gehacktem Kerbel, etwas Salz und Pfeffer verrühren.

1 Eßlöffel kleingeschnittenen Schnittlauch mit 3 Eßlöffeln Joghurt, 3 Eßlöffeln Crème fraîche und 1 Eßlöffel Limetten- oder Zitronensaft verrühren. Mit wenig gehacktem grünem Pfeffer würzen.

Unser Tip: Man kann gute Pellkartoffeln dazu servieren. Als Getränk bietet sich ein Champagner brut geradezu an.

Als Übergang zu den Gerichten, die man im weitesten Sinne noch als Fondues bezeichnen kann, eine Fondue, die aus New York stammt und bei der die chinesische Küche Pate stand.

Süß-saure Schweinefondue

800 g gebratenes Schweinefleisch von der Schulter • 1 rote scharfe Peperoni • 3 gestrichene Eßl. Speisestärke • ¼ l guter Weinessig • 200 g brauner Zucker • 2 grüne Paprikaschoten • 2 Eßl. Sangrita picante • 1 Eßl. scharfer Senf • 1 Eßl. Worcestersauce • 1 Dose Ananasstücke

So wird's gemacht: Das gebratene, ausgekühlte Schweinefleisch in fingerdicke Streifen, die Peperoni entkernen und kleinschneiden. Die Speisestärke mit dem Essig verrühren und in einem Fonduetopf mit dem Zucker vorsichtig kochen, bis die Flüssigkeit klar ist. Die Paprikaschoten putzen und würfeln. Die Gewürze und die Paprikastückchen dazugeben, ebenso die Ananas mit Saft. Zudecken und 10 Minuten köcheln lassen. Auf das Rechaud stellen und das Schweinefleisch an Fonduegabeln darin heiß werden lassen.

So schmeckt's am besten: Dazu gekochten Reis in Schälchen servieren. Man darf ein Löffelchen vom Sud (mit Paprika- und Ananasstückchen drin) auch über den Reis geben.

Die Auch-Fondues

Wir waren uns zu Beginn dieses Buches einig, daß man heute unter »Fondue« alles das versteht, was man gemeinsam aus einem Topf ißt, in eine oder verschiedene Saucen stippt oder wozu man geschmolzenen Käse verwendet. Wir wollen in unserem Buch diesen menschenverbindenden, urdemokratischen kulinarischen Gedanken der Vollständigkeit halber noch auf einige Gerichte ausdehnen, die man am Tisch gemeinsam zubereitet und die entweder eine folkloristische Tradition haben, zur Zeit beliebt sind oder von uns für dieses Buch erdacht wurden. Wir sind deshalb mit der Auslegung unserer Definition nicht allzu streng, aber auch nicht zu lasch verfahren.
Bei einigen dieser Rezepte benutzen wir die vor einiger Zeit in Mode gekommenen Tischherde, die es inzwischen in den verschiedensten Modellen gibt. Der größte Typen-Unterschied: Man brät gemeinsam in einer Pfanne oder jeder der Runde hat sein privates Pfännchen für sich.
Sie werden bei den Anmerkungen zu den einzelnen Rezepten lesen, daß Sie eigentlich immer mit den üblichen Fonduegeräten auskommen. Perfektionisten werden sich allerdings auch die Spezialgeräte anschaffen. Vor allem, wenn sie einmal herausgefunden haben, daß ihnen gerade ein Rezept so zusagt, daß sie es häufig machen werden.
Wir haben auch einige Rezepte aufgenommen, bei denen man um einen Grilltoaster oder einen kleinen Grill aus Gußeisen sitzt, den die Japaner benutzen und der den Namen Hibachi führt. Beim Toaster kann man Käse auf Brotscheiben schmelzen lassen (das geht natürlich auch auf einem Grill) und ist dabei der Fondue in des Wortes Bedeutung wieder sehr nahe. Wenn Ihnen diese Art von Gemeinschaftsessen Spaß macht, dann werden Sie sicher bald weitere Rezepte ausprobieren, doch dann treten Sie aus der Welt der Fondues in die des Grillens.
Was immer strenge Kritiker von den Auch-Fondues halten (wenn es darum geht, ob sie wirklich in ein Fonduebuch gehören), auf jeden Fall sind alle diese Rezepte es wert, ausprobiert zu werden.

Weinfondue

½ l Weißwein (Badenser oder Pfälzer) · 50 g geriebene Mandeln · 2 Estragonblättchen · ¼ l Kalbfleischbrühe · wenig Salz · 2 dünne Scheiben frischer Ingwer oder 1 gestrichener Teel. gemahlener Ingwer (Ginger)
Zum Dippen: das gewürfelte Fleisch von 1 gekochten Suppenhuhn ohne Haut oder Würfelchen von gekochter Kalbsbrust ohne Haut · geröstete Weißbrotwürfel

So wird's gemacht: Den Wein mit den geriebenen Mandeln in den Fonduetopf geben, auf kleinem Feuer heiß werden lassen, aber nicht kochen. Die Estragonblättchen mitziehen lassen. Dann mit heißer Brühe (es kann auch entfettete Hühnerbrühe vom Suppenhuhn sein) auffüllen. Leicht salzen, die Ingwerstückchen einlegen oder gemahlenen Ingwer einrühren und den Topf aufs Rechaud stellen.

So schmeckt's am besten: In der eben siedenden Flüssigkeit das aufgespießte Fleisch heiß werden oder die Brotwürfel sich vollsaugen lassen. Dips brauchen wir keine, nur Pfeffer, eingelegte Senffrüchte und Preiselbeeren. Wie Fleischfondue mit Tellern und Gabeln servieren.

Unser Tip: Sie können natürlich auch hauchdünn geschnittenes Steakfleisch oder rohes Kalbfleisch in der siedenden Brühe eben anlaufen lassen. Doch dann ist es beinahe eine Fondue moderne.

Westfälischer Wurstbrei als Fondue

Diesmal wird ein dicker Fleischbrei aufgetunkt, der mit Schnaps aromatisiert ist und zu dem man gut noch einen weiteren kippen kann.

500 g Suppenfleisch · 2 Knochen · 1 Bund Suppengrün · 2 Zwiebeln · 1 Hühnerbrühwürfel · 50 g Graupen · Salz · Pfeffer · Piment · Muskatnuß · 2 Gläschen Schinkenhäger (4 cl)

So wird's gemacht: Das Suppenfleisch mit den Knochen in kaltem Wasser aufsetzen, aufkochen, mehrmals abschäumen. Die Knochen herausnehmen, das gewaschene Suppengrün, die ungeschälten Zwiebeln und den Brühwürfel zufügen. Im Schnellkochtopf unter Druck 50 Minuten kochen. Inzwischen die Graupen in Salzwasser bei sanfter Hitze garen. Die Fleischsuppe abgießen. Das Fleisch kleinschneiden und mit den Graupen durch den Fleischwolf drehen. Mit der Suppe zu cremig-dickem Fleischbrei verdünnen. Im Caquelon auf ein Rechaud stellen, mit Salz, Pfeffer und Piment kräftig abschmecken. Dann mit Muskat übermahlen und mit dem Schinkenhäger leicht alkoholisieren.

So schmeckt's am besten: Gestippt wird mit dunklem Katenbrot oder Knabbeln (Rezept Seite 119).

Fondue Ranchero

Die Zubereitung ist kinderleicht, die Schwierigkeit liegt darin, wirklich gute Kartoffeln zum Austunken zu bekommen. Lesen Sie daher zuerst die Anmerkung.

500 g deutsches Corned beef im Aufschnitt · 1 Dose argentinisches Corned beef (340 g) · ¼ l Rindfleischsuppe (Würfel) · 1 gestrichener Eßl. Speisestärke · 2 Eßl. Wasser · 4 cl Tequila oder Wacholderschnaps

So wird's gemacht: Das deutsche Corned beef im Fonduetopf bei sanfter Hitze schmelzen lassen; da es aus viel Sülze besteht, wird es sehr suppig. Das argentinische Corned beef kleinwürfeln, zufügen und die Rindfleischbrühe angießen. Rühren, bis auch das gewürfelte Fleisch sich gelöst hat. Die Speisestärke mit dem Wasser glattrühren und den Fleischbrei damit andicken, kurz aufkochen lassen. Erst auf dem Rechaud bei Tisch mit dem Tequila oder dem Wacholder noch rassiger machen.

So schmeckt's am besten: Fondue Ranchero wird mit Kartoffeln oder Brot aufgetunkt. Auch Bananenstücke schmecken in Corned-beef-Fondue getaucht gut.

Anmerkung: Sehr gut eignen sich möglichst kleine Bamberger Hörnchen, größere kann man aber auch leicht teilen, da sie zu den speckigen Kartoffelsorten gehören. Sie werden gekocht, mit der Schale aufgespießt und ein oder zweimal eingeschnitten, damit sie möglichst viel Corned-beef-Brei aus dem Fonduetopf mitbringen. Ansonsten verwendet man die ersten neuen Kartoffeln, gekocht und ungepellt geviertelt. Im übrigen Jahr eine festkochende Kartoffel, deren etwas rauhere Oberfläche sich sehr gut zum Auftunken eignet.

Bagna caôda

Eine fast echte Fondue stammt aus der Gegend von Piemont in Italien. Man taucht rohe Gemüse der Saison in eine warme Sauce. Man kann die Sauce in einem Fonduetopf in der Mitte des Tisches warm halten, original gehören jedoch kleine Keramikrechauds dazu, die jeder vor sich stehen hat.
Die Italiener, die auch gerne Fenchel, Gurke, Frühlingszwiebeln und geviertelte kleine Tomaten dazu auftischen, legen die geschnittenen Gemüse für einige Zeit in Eiswasser. Das laugt zwar die Vitamine aus, macht aber die Gemüse knackig und kühlt die Sauce angenehm ab, so daß man sich nicht so leicht den Mund verbrennt. Statt Brot gibt es die dünnen Stangen, die in Italien Grissini heißen und die auch bei uns überall zu haben sind.

Bagna caôda Nummer eins

Bild gegenüber

Hier unser persönliches Rezept, das ich, Ulrich Klever, auch schon im Fernsehen zeigte. Der Name des Gerichts bedeutet »warmes Bad« und wird Banja cauda gesprochen. Am liebsten trinke ich einen leichten Rosé dazu.

⅛ l Olivenöl • 250 g Sardellenfilets • 6 Knoblauchzehen • 6 Eßl. Sahne • Gemüse der Saison, teils roh, teils blanchiert, zum Beispiel 250 g Blumenkohlröschen, 250 g Broccoli, 500 g Staudensellerie, 1 grüne und 1 rote Paprikaschote, 250 g Möhren, 200 g Champignons, 1 Dose eingelegte Artischokkenherzen

So wird's gemacht: Das Öl in einem Pfännchen heiß werden lassen. Die abgetropften und leicht zerquetschten Sardellenfilets hineingeben, die Knoblauchzehen daranpressen. Beim Umrühren Sardellen und Knoblauch weiter zerdrücken. Ist das Ganze fast homogen geworden, die Sahne dazugießen, rühren, und wenn es sich zur Sauce bindet, vom Pfännchen in den Fonduetopf oder in die Einzelschälchen umfüllen. Auf kleinster Flamme warm halten! Die Gemüse waschen, putzen, bißgroß schneiden; harte Gemüsesorten wie Blumenkohl, Möhren und Broccoli kurz blanchieren. Auf einer oder mehreren Schüsseln hübsch arrangieren.

So schmeckt's am besten: Die Gemüsestückchen auf Gabeln oder Spießchen stecken, stippen, einige Zeit in der Sauce erwärmen, essen. Dazu Pariser-Brot-Stücke reichen, die man auch mal stippen darf.

Bagna caôda Nummer zwei

Nicht so salzig ist diese feinere Rezeptversion aus einem Lokal in Turin.

½ l Sahne • 4 Eßl. Butter • 8–10 gewässerte Sardellenfilets • 2–3 Knoblauchzehen • 1 weiße Trüffel aus der Dose • verschiedene Gemüse in denselben Mengen wie im vorigen Rezept

So wird's gemacht: Die Sahne zum Kochen bringen und unter ständigem Rühren in gut 15 Minuten auf die Hälfte einkochen. In den Fonduetopf die Butter geben und zerlaufen lassen. Die Sardellenfilets und den Knoblauch feinhacken und darin leicht anschmoren – es soll sich aber nichts bräunen. Dann die Sahne dazugeben, ebenso die gehobelte weiße Trüffel (wenn man eine hat – zur Not tun's auch 1 schwarze Trüffel oder 2 gequollene, ganz fein gehackte getrocknete Morcheln) und unter Umrühren bis eben vor den Siedepunkt bringen. Nicht kochen! Wie gelernt mit den Gemüsen stippen.

degli
BARBERA

◁ Man sagt, der Mongolische Feuertopf sei der älteste. Wohlschmeckend und dekorativ ist er auf jeden Fall.
Rezept Seite 68

Nützlicher Hinweis: Sollte sich die warme Sauce am Tisch trennen, schlägt man sie schnell mit dem Schneebesen wieder glatt.

Okaribayaki

Gemeinsam gekocht und gestippt wird auch bei diesem japanischen Gericht, das eine Art trockenes Sukiyaki ist. Man aß es zu Kaisers Zeiten bei Jagden in Japan. Wir können es an einem Sommerabend über Holzkohlenfeuer im Freien oder auf der Terrasse oder aber zu jeder Jahreszeit in einer schweren Eisenpfanne über dem Rechaud servieren.

1 Ente von etwa 2 kg • 3–4 Eiweiße • Glutamat oder Ajinomoto • 4 getrocknete japanische Pilze (Shiitake) • ⅛ l japanische Sojasauce • 1 Paprikaschote • 1 süße Kartoffel (Batate aus der Dose) • 1 Eiszapfenrettich • 1 kleines Stück Salatgurke • 1 Eigelb • etwas Salz • Öl

So wird's gemacht: Die Ente zerteilen, die beiden Bruststücke ablösen und in dünne Streifen schneiden. Von der übrigen Ente die Haut entfernen und in Streifen schneiden, dann in einer Pfanne knusprig braten. Das restliche Entenfleisch von den Knochen lösen und durch die feinste Scheibe des Fleischwolfs drehen (besitzen Sie eine Moulinette, zerkleinern Sie es zu einem Brei, also etwa 1 Minute lang). Den Fleischbrei mit dem Eiweiß schlagen, mit Glutamat würzen, 10 Minuten stehenlassen und etwa 1 cm große Knödelchen daraus formen. Die Pilze 30 Minuten weichen lassen, dann das Wasser abgießen, die Stengel abschneiden und die Hüte in Streifen schneiden. Die Sojasauce mit Glutamat verquirlen und in eine Schüssel füllen. Die Paprikaschote entkernen und in dünne Streifen, die Batate in dünne Scheiben schneiden. Das Entenfleisch und die Klößchen, die Pilze, die Paprikaschotenstreifen und die Batatenscheiben auf einer Platte anrichten. Den Rettich und die Salatgurke reiben und mit dem Eigelb, etwas Salz und Glutamat gut verrühren. Diesen Dip in Schälchen füllen, die vor jeden Gast gestellt werden. Die Pfanne stark einölen und auf dem Rechaud – oder zuerst auf der Kochplatte – recht heiß werden lassen. Stäbchen oder Fonduegabeln verteilen.

So schmeckt's am besten: Jeder Gast nimmt sich ein paar verschiedene Bissen auf den Teller und taucht jedes Stück in Sojasauce, ehe er es in der Pfanne brät. Nach dem Braten kühlt man es in dem Rettichdip ab. Die knusprige Entenhaut wird zwischendurch geknabbert.

Tunkis

hieß das Bauerngericht, das wir vor vielen Jahren im Schwarzwald aßen, eine Kartoffelfondue, als uns der Begriff Fondue noch völlig unbekannt war.

4 große Zwiebeln • 2 Eßl. Weinessig • 3 Eßl. Öl • Pfeffer • Salz • Pellkartoffeln

So wird's gemacht: Die Zwiebeln sehr fein schneiden. Mit dem Essig, dem Öl, Pfeffer und Salz zu einem Zwischending von Sauce und Salat anmachen. In eine Schüssel geben, die man in die Mitte stellt. In diese Schüssel heiße Pellkartoffelstücke (hierzu unsere Anmerkung bei Fondue Ranchero auf Seite 84 lesen) stippen, die Zwiebeln mit herausfischen.

Klevers Tunkis

nennen wir unsere Variante dieses Bauerngerichtes.

750 g Quark • 2 Eier • 4 Eßl. Öl • 1 Eßl. kleingeschnittener Schnittlauch • Salz • Pfeffer • 1 Prise Zucker

So wird's gemacht: Den Quark mit den verquirlten Eiern, dem Öl, dem Schnittlauch und den Gewürzen glatt und sahnig rühren. In eine Schüssel geben.

So schmeckt's am besten: Mit Pellkartoffeln auftunken. Dazu kann man noch braune Butter, reichlich frische gehackte Kräuter verschiedenster Art, grobes Salz und kleine Camembertstücke servieren.

Diese und die nächsten Formen der gastlichen Fondue-Geselligkeit leben von Dips und von einem größeren Saucenangebot.

Artischockenfondue

Pro Person:
2 Artischocken • ½ Zitrone • Salz

So wird's gemacht: Die Artischocken waschen, dabei die äußeren Blätter etwas abbiegen. Den Stiel abschneiden, ebenso die unteren 3–4 Blätter. Die Schnittstellen mit Zitronenscheibe abreiben. Blattspitzen nicht – wie so oft empfohlen – kappen. Die Artischocken 40–50 Minuten in kochendem, gesalzenem, mit etwas Zitronensaft gesäuertem Wasser garen. Sie sind fertig, wenn man ein Blatt leicht ablösen kann. Mit der Spitze nach unten auf einem Sieb abtropfen lassen. Kalt oder warm servieren. Man ißt mit den Fingern, indem man Blatt für Blatt abzupft, mit dem unteren, dicken Teil in die Sauce taucht und das Fleischige mit den Zähnen abstreift. Für die abgegessenen Blätter einen großen Teller mitservieren. Gabel nicht vergessen, mit der man den Flaum vom Artischockenboden schiebt, den Boden zerteilt, um ihn, den edelsten Teil, auch in Sauce zu stippen. Das Eßbare einer großen Artischocke wiegt etwa 200 g und hat somit 525 Joule/ 125 Kalorien.

So schmeckt's am besten: Wir können neben Fertigsaucen, Mayonnaise mit Joghurt verdünnt, Remoulade oder Sauce Vinaigrette, dazu Kräutersauce (Rezept Seite 107), Bretonische Sauce (Rezept Seite 104), Nizza-Sauce (Rezept Seite 109), Roquefortsauce (Rezept Seite 110), warme Teufelssauce (Rezept Seite 111), Gribiche-Sauce (Rezept Seite 105) und Malteser-Sauce (Rezept Seite 108) servieren.

Spargelfondue

Etwa zweifingerdicke Spargelstangen kaufen. Möglichst nicht am Wochenende, da zu teuer – möglichst nicht am Montag, da meist alt. Falls er nicht sofort gekocht wird, den Spargel in ein feuchtes Tuch wickeln; so hält er sich 2 Tage. Beim Kochen aufpassen, Spargelwasser kocht sehr leicht und dann gleich reichlich über.

Pro Person:
1 kg Spargel • Salz (auf 2 l Wasser 1 Eßl.) • 1 Prise Zucker

So wird's gemacht: Den Spargel vom Kopf zum Fuß mit Fingerspitzengefühl schälen. Alles Holzige muß dabei entfernt werden, am Schnitt spürt man den Holzwiderstand. Spargel nicht im Wasser liegen lassen, da er sonst seine nicht zahlreichen, aber doch wertvollen Mineralstoffe schnell verliert. Zuerst alle Spargelabfälle in einen Topf geben und sprudelnd 15 Minuten kochen lassen. Den Zucker zufügen, dann den gebündelten und fest gebundenen Spargel darauflegen, so daß er gerade noch vom siedenden Wasser bedeckt ist. Je nach Dicke dauert der Garungsprozeß 25–40 Minuten. Ob der Spargel gar ist, stellt man an den Köpfen fest; diese zarten Teile brauchen am längsten. Am einfachsten ist es natürlich, wenn die Spargelstangen alle gleich dick sind. Den Spargel abtropfen lassen und heiß servieren. Jeder bekommt sein Kilo nicht auf einmal, sondern nach und nach.

So schmeckt's am besten: Wir servieren dazu braune, flüssige Butter, feste Butter in dünnen Scheiben, weiche Kräuterbutter, hartgekochte Eier, feingehackte oder halbierte weiche Eier oder Rührei in kleinen Portionen oder so schön rund ausgestochene Spiegeleier, daß sie wirklich wie Ochsenaugen (so nennt man die Spiegeleier ja auch) aussehen, verschiedene Sorten Schinken von altrosa roh und geräuchert bis zartrosa und gekocht, dünn oder dick geschnitten. Auch Bündner Fleisch, Neuenahrer Rauchfleisch, gepökelte Rinderbrust, geräucherte Gänsebrust oder rohes, hauchdünn geschnittenes Kasseler.
Sie können ein Schüsselchen mit Krabben hinstellen, mit Hummerfleisch oder Krebsschwänzen; Räucherlachs ist ganz große Klasse – und spanische Muscheln, scharf in Öl eingelegt, geben eine besonders pikante Note.

An Saucen zum Stippen gibt es Mayonnaise, Mayonnaise mit Schlagsahne verrührt, Mayonnaise mit Joghurt, Mayonnaise mit Knoblauch parfümiert (keine Angst, Spargel »killt« Knoblauchduft). Weitere Saucen, deren Rezepte Sie im übernächsten Kapitel finden, sind Holländische Sauce (Rezept Seite 106), Estragonsauce (Rezept Seite 105), Sauce Chantilly (Rezept Seite 104) oder Haselnußsauce (Rezept Seite 106).

Wenn Sie besonders aktuell sein wollen: Auch bei uns wird jetzt der Grünspargel angebaut, der in Kalifornien zu Hause ist. Er wird über dem Boden geschnitten, und nur das untere Drittel muß geschält werden. Die Kochzeit beträgt nur 10–15 Minuten. Wenn man ihn zusammen mit normalem Spargel anbietet – die Stangen sind viel dünner –, ergibt das ein interessantes, kontrastreiches Bild. Wir essen mit der Hand, legen aber auf jeden Fall Messer und Gabeln für die Beilagen auf.

Nützlicher Hinweis: Einfacher kocht sich Spargel in einem Spargelkocher, in dem man zunächst den Schalensud kocht, die Schalen herausnimmt und dann den ungebündelten Spargel mit der herausnehmbaren Wanne hineinsetzt und kocht.

Senffondue

Der Witz dieser Fondue sind die verschiedenen Senfsorten. Man sollte bis zu zwölf anbieten. Wenn Sie einmal durch die Lebensmittelabteilungen der Warenhäuser bummeln, werden Sie verschiedene Sorten ausländischer, vor allem französischer Senfe finden.

Zutaten für 6 Personen:
12 Nürnberger Bratwürstchen • 6 Bockwürstchen • 12 Cocktailwürstchen • 6 Knoblauchwürstchen • 6 Frankfurter Würstchen • 6 Kalbsbratwürstchen • 500 g Lyoner oder Fleischwurst • eine Käseplatte bestehend aus Emmentaler, Edamer, Harzer und Goudakäse • 500 g aufgeschnittener Frühstücksspeck • 500 g Schweinesülze • 500 g Eisbein in Aspik • 1 Glas oder Töpfchen Löwensenf • Meerrettichsenf • Feuersenf • Kräutersenf • Hausmacher Senf • süßer Senf • verschiedene Sorten Bauernbrot • Brezeln • Brötchen

So wird's gemacht: In die Mitte des Tisches einen großen Topf oder eine Suppenterrine mit heißem Wasser stellen, worin die lauwarmen Würstchen schwimmen. Ausnahme: die Nürnberger Bratwürstchen, die als »Saure Zipfel« (siehe nächstes Rezept) serviert werden. Weitere Ausnahme: die Kalbsbratwürstchen, die vorher gebraten werden.

So schmeckt's am besten: Dazu Bier und klare Schnäpse servieren. Das wird ein rundes, gelungenes Fest, bei dem jeder »seinen« Senf preist oder aber dem Nachbarn abrät. Es ist ein Essen, bei dem man fast nur über Essen redet.

Varianten: Sie können statt Würstchen verschiedene Schinkensorten auf den Tisch stellen oder alle Sülzen, die Sie auftreiben können.

Saure oder blaue Zipfel

3/4 l Wasser • 3 Eßl. Weinessig • 2 gestrichene Teel. Zucker • 1/2 Teel. Salz • 1 Lorbeerblatt • 2 große Zwiebeln • 24 Nürnberger Bratwürstchen

So wird's gemacht: Das Wasser mit dem Essig, dem Zucker, dem Salz und dem Lorbeerblatt zum Kochen bringen. Die Zwiebeln in feine Ringe schneiden oder hobeln, in den Sud geben und weich werden lassen. In das noch siedende Wasser die daumenlangen Rostbratwürstchen einlegen und 15 Minuten leise ziehen lassen. Im Sud mit den Zwiebeln servieren.

Pfannenfondue

nennen wir es, wenn wir unsere Gäste zu so einem »Bastelessen« einladen (oder die eigene Familie dazu versammeln), seitdem es von verschiedenen Firmen Pfännchen gibt – rund oder viereckig –, mit denen man am Tisch auf Rechauds braten kann. Jeder Gast hat so ein Pfännchen vor sich, ein Holzbrett, auf das er das heiße Pfännchen stellen kann, und einen Teller.

Was kann man denn in diesen Pfännchen braten? Zunächst Steaks und Schnitzel aller Art. Sie sollen nicht groß und nicht dick sein. Also Lammsteaks, Kalbsmedaillons, Tournedos und ähnliches. Man brät sie trocken (die Pfännchen sind meist mit Teflon beschichtet) oder mit etwas Butter. Das ist so ähnlich wie bei der Fleischfondue, nur daß jeder für sich brutzelt und es nicht so nach heißem Öl riecht.

Weitere Fleischmöglichkeiten: Kalbs- oder Schweineleberscheiben, Hühnerleberstücke, Frühstücksspeck, wenn möglich mit einem Salbeiblatt gerollt, dünne Kalbsnierenscheiben, Truthahnfilets, Hühnerbrustfilets, kleine Hackfleischbällchen oder Mini-Beefburger (entweder schon fertig geformt, oder der Hackfleischteig steht zum Anmachen nach eigenem Gusto da), kleine Bratwürstchen oder dünne Scheiben von Milzwurst oder Leberkäse.

Was brät man sonst noch? Dicke Scheiben vollfetten Appenzeller oder Emmentaler Käse kann man zum Schmelzen bringen und damit eine Art Raclette machen. Spiegel- oder Rühreier brät man und würzt sie mit Kräutern, mit Schinkenwürfeln, mit Käse. Champignons richtet man dünn geschnitten an. Bis unmittelbar vor Fonduebeginn in Zitronenwasser legen, da sie sonst anlaufen; dann abtrocknen. Auberginen, Zucchini und Gurken eignen sich, in dünne Scheiben geschnitten, oder dicke Orangenscheiben mit Schale, Bananen, längs in Scheiben geschnitten, Apfelscheiben und Ananasringe; dazu grober Zucker (Hagelzucker), den man karamelisieren lassen kann.

Das Beiwerk: Salz, wenn möglich grob und fein, oder gewürztes Salz, Pfeffermühle und grobgemahlener Pfeffer, verschiedene getrocknete Kräuter in ihren Gläsern, Currypulver, Ketchups, Relishes. Verschiedene Brötchen, Pommes Chips verschiedener Würzung. Salate, Perlzwiebeln, Cornichons.
Sie werden sich wundern, welche Kochtalente sich da unter Ihren Gästen entwickeln. Vor allem Männern macht diese Form der Brutzelfondue riesigen Spaß. Stellen Sie auch Cognac und Whisky parat, vielleicht will einer der Gäste flambieren.

Die ganze Fleischpalette, die Gemüse und das Obst, das wir zur Pfannenfondue empfohlen haben, können Sie übrigens auch zu den Mini-Grills servieren, mit denen man am Tisch wunderschön kochen kann. Wir nennen das

Fondue um einen Grill

Entweder nehmen Sie einen der kleinen Grilltoaster, dann können Sie in des Wortes wahrster Bedeutung eine Fondue machen, indem Sie nämlich auf Brot Käse zum Schmelzen (fondre) bringen. Zum Beispiel bei den »Diablotins«:

Diablotins

6 runde Weißbrotscheiben, 1 cm dick • 100 g Edelpilz- oder Roquefortkäse • 50 g gemahlene Walnüsse • 50 g Butter • weißer Pfeffer

So wird's gemacht: Entweder haben Sie die Weißbrotscheiben schon getoastet oder die Mitgriller machen das selbst. Auf jeden Fall den Käse mit den Nüssen, der Butter und weißem Pfeffer schon vorher vermengen und in einer Schüssel zur gefälligen Selbstbedienung hinstellen. Man streicht sich seine leicht warmen Brote selbst und überbäckt sie im Grill 2–3 Minuten lang. Sie schmecken herrlich nach Nuß und scharfem Käse.

So schmeckt's am besten: Man ißt sie warm und kann die Käseschärfe mit einem Klecks Preiselbeeren etwas mildern. Dazu gehört ein helles Bier oder ein Pils oder ein kräftiger bis wuchtiger Rotwein.

Das aber, was wir mit einer »Fondue um einen Grill« meinen, sieht so aus: Am besten eignet sich ein Holzkohlengrill vom Hibachi-Typ. Er ist relativ klein, aus schwerem Gußeisen und hat eine ausgezeichnete Ventilation. Er raucht auch nicht so stark wie andere Grills dieser Art. Gebraten werden verschiedene Arten von Spießchen, die auf den Antillen Lamchi and Boonchi, in Indonesien Sate heißen. Hier die beiden Rezepte.

Lamchi and Boonchi

Man sollte diese Spießchen im Garten oder auf der Terrasse oder auf dem Balkon grillen.

Marinade für 4 Spießchen: Saft von 2 Limetten • 2 Eßl. Olivenöl • 1 Zwiebel • 1 scharfe Pfefferschote • 1 gestrichener Eßl. Curry • 2 gestrichene Teel. gemahlener Ingwer • 2 gestrichene Teel. Turmeric (Gelbwurz) • 1 gestrichener Teel. Salz • 1 Knoblauchzehe
Spießchen: 16 Würfel Lamm (Schulter), etwa 5 cm groß • 2 Scheiben Ananas in Stücken (möglichst frische) • 4 Scheiben Frühstücksspeck • 8 Streifen Paprikaschote, 5 cm lang

So wird's gemacht: Für die Marinade den Limettensaft mit dem Olivenöl mischen, die Zwiebel daranreiben. Dann die scharfe Schote entkernen und feinhacken und mit den gemahlenen Gewürzen dazurühren, salzen. Zuletzt den Knoblauch daranpressen. Das Fleisch hineinlegen und über Nacht marinieren.
Das Lammfleisch auf die Spieße stecken und dabei abwechselnd Ananasstücke, gerollten Speck und Paprikaschotenstücke nehmen. Jeder grillt sich seinen Spieß, indem er ab und zu von der Marinade darüberstreicht. Entfernung von der Glut knapp 10 cm, Garzeit je nach Geschmack 10–15 Minuten.

So schmeckt's am besten: Mit Erdnußsauce (Rezept Seite 105) essen.

Hühnerspießchen – Sate Ajam

4 ganze Hühnerbrüste mit Haut • Zitronensaft • Salz • Pfeffer

So wird's gemacht: Das rohe Fleisch in 2 cm große Würfel schneiden und je 5 solcher Würfel auf ein Holzspießchen stecken, mit dem Zitronensaft beträufeln, salzen und pfeffern. 15 Minuten ziehen lassen. Über mäßiger Glut etwa 10 Minuten grillen. Mit verschiedenen Saucen und Dips servieren, hier eignen sich sowohl selbstgemachte Dips wie die verschiedenen indonesischen Saucen von Conimex, die es heute überall gibt.

Variante: Statt Huhn kann man in Würfel geschnittenes Lamm-, Rind- oder Schweinefleisch nehmen. Man rechnet pro Person etwa 250 g. Es soll mageres Fleisch sein und nur von Teilen, die sich kurz braten lassen.

Unser Tip: Die verschiedenen Fleischsorten von Huhn bis Schwein kann man auch vor dem Grillen marinieren. Hier geben wir Ihnen zwei Marinaden zur Wahl:

Marinade I

1 gestrichener Teel. gemahlener Kümmel, besser noch Kreuzkümmel • 1 gestrichener Teel. gemahlener Koriander • 1 gestrichener Teel. gemahlener Knoblauch • 1 gestrichener Eßl. brauner Zucker • 2 Eßl. süße Sojasauce (manis) • 1 Eßl. Zitronen- oder Limettensaft • Salz • 3 Tropfen Tabasco

So wird's gemacht: Die Zutaten mischen und die Fleischwürfel einige Stunden darin ziehen lassen. Beim Grillen nicht mehr mit der Marinade bestreichen.

Marinade II

1 Eßl. geriebene Zwiebel • 1 Eßl. gehackter Knoblauch • 1 gestrichener Eßl. gemahlener Koriander • 1 gestrichener Eßl. Currypulver • 5 Eßl. geraspelte Kokosnuß • 8 Eßl. klare Fleischsuppe • 2 Eßl. Zitronen- oder Limettensaft • 2 gestrichene Eßl. brauner Zucker • Salz • Pfeffer

So wird's gemacht: Die Zutaten zusammen mit dem gewürfelten Fleisch in einen Topf geben. Zum Kochen bringen und 10 Minuten leise schmoren lassen. Die abgekühlten Fleischwürfel auf Spießchen stekken und zum Grillen servieren. Sie sollen noch 8 Minuten von allen Seiten grillen.

Steinzeitfondue

Bild Seite 96

Die Japaner sind neuerdings mit einem Gerät (siehe Seite 130) bei uns auf den Markt gekommen, das uns an die Urzeit erinnert: auf einer mehr als platztellergroßen Steinplatte wird gegart. Zur Fondue wird es durch die Gemeinsamkeit des Bratens und das Dippen in Saucen.

750–1000 g Schweinefilet (2–3 ganze Filets)
Für die Marinade: 2 Eßl. Sesamsamen • 2 Knoblauchzehen • 1 kleine Zwiebel • 2 Eßl. Erdnußöl oder -butter • 5 Eßl. süße Sojasauce (manis) • ⅛ l Hühnerbrühe (Würfel)

So wird's gemacht: Die Schweinefilets von allen Häuten befreien und in ½ cm dicke Medaillons schneiden. Den Sesam ohne Fett in einer Pfanne braun rösten, dabei ständig rühren. Aus der Pfanne nehmen, erkalten lassen. Die Knoblauchzehen und die Zwiebel grob hacken. Sesam, Knoblauch, Zwiebel, Erdnußöl, Sojasauce und Hühnerbrühe im Mixer pürieren. Über die Medaillons geben, durchheben und einige Stunden marinieren lassen. Überflüssige Marinade abgießen, aufbewahren. Die Fleischstücke trockentupfen.
Die Steinplatte auf dem Rechaud bei Tisch stark erhitzen. Mit Erdnußöl dünn auspinseln. Jeder brät sich seine Fleischstückchen nach Belieben zwischen 2 und 5 Minuten. Verbliebene Marinade mit zu den Saucen stellen.

So schmeckt's am besten: mit Pariser Weißbrot (siehe auch Rezept Seite 119), mit Erdnußsauce, Limettendip und auch Kalkutta-Dip (Rezepte Seite 105, 108, 107).

Variante (Bild): 800 g Rinderfilet in hauchdünnen Scheibchen, einige Frühlingszwiebeln, halbiert und in mundgerechte Stücke geschnitten, 2 Stangen Lauch und 2 Möhren in dünnen Scheiben (die Möhrenscheibchen kann man noch rautenförmig zuschneiden) wie gelernt auf der Steinplatte braten. Dazu gibt es Erdnußsauce (Rezept Seite 105) oder eine Sauce aus ¼ l japanischer Sojasauce, mit ⅛ l Reiswein kurz aufgekocht, mit dem Saft von 2 Zitronen, je ½ Teelöffel Salz und Zucker sowie 1 Teelöffel feingeschnittenem Schnittlauch gewürzt.

Hexengalgen

war vor Jahren die neueste Form der Fleischfondue. Wir haben sie nur bei ihrem Erfinder gegessen, aber nie selbst zubereitet, und das werden die meisten von Ihnen verstehen, wenn sie das folgende gelesen haben. Aber wir wollen Ihnen den Hexengalgen nicht vorenthalten.
Dieses kulinarische Gesellschaftsspiel wurde von J. Bucher, Wirt des »Ochsen« in der Schweizer Gemeinde Lommis, erfunden. Hauptrequisit ist ein schmiedeeiserner Galgen, an dem ein mit Stacheln besetzter Morgenstern hängt. Das Fleisch – geschnitten wie zur Fleischfondue – wird kurz vorgegrillt, auf den Morgenstern gesteckt, vor den Augen der Gäste mit Whisky übergossen und flambiert. Man holt sich sein Fleisch mit der Gabel vom Galgen, stippt es in verschiedene Saucen, ißt dazu Balkansalat, Currysauce, Maiskölbchen, Cornichons und was sonst zu einer Fleischfondue gehört. Der Schweizer Hersteller verkauft den Galgen für 190 Franken. Man kann sich ein ähnliches Gestell aber auch selbst konstruieren oder das Prinzip des vorgegrillten, geschnittenen Fleisches, das bei Tisch flambiert und dann wie eine Fleischfondue gegessen wird, auch mit anderen Hilfsmitteln beibehalten. Eine Aufgabe für Leute mit Fondue-Phantasie.

Fondue als Dessert

Fangen wir mit einem Kapitelchen Kochgeschichte an. Anno 1966 wurden rund hundert Journalisten in New York zu einer Pressekonferenz mit anschließendem Essen eingeladen. Als ersten Gang gab es eine Käsefondue, als zweiten Gang eine Fleischfondue, die Bourguignonne, und dann als dritten Gang die Überraschung: eine Toblerone-Fondue. In kleinen Caquelons aus Keramik, die auf Kerzenflammen standen, brodelte sanft geschmolzene Toblerone. Es gab kleine Gabeln und eine Auswahl von Brotwürfeln, Biskuitstückchen und Früchteschnitzen und man wurde aufgefordert, sie aufzuspießen und in die Schokoladencreme zu tauchen.
Viele Zeitungen und Zeitschriften berichteten über das neue Dessert, und es eroberte den amerikanischen Kontinent. Der Direktor des größten Schweizer Restaurants von New York war zuerst mißtrauisch: »Das isch en Chabis« (das ist Kappes, Unsinn), soll er zunächst gesagt haben. Als er es jedoch ausprobierte und auf die Speisekarte setzte, waren die Gäste begeistert. Dann nahm das »Plaza Hotel« die Toblerone-Fondue auf seine Karte – der Erfolg rechtfertigte es. Man entwickelte auch einen Set, der zusammen mit 2 Riegeln Toblerone in Warenhäusern verkauft wurde. Selbst der Preis von $ 7,95 schreckte die Hausfrauen nicht.
1967 kam das Dessert über einen Schweizer Umweg – zuerst wurde es in den Wintersportorten Gstaadt, Grindelwald und Verbier serviert – nach Deutschland. Und wurde hier gleich zur Schokoladenfondue umfunktioniert. Keine Werbung für ein Produkt! Ich muß Ihnen aber sagen, mit Toblerone schmeckt diese Fondue unvergleichlich besser. Denn die Mandel-Honig-Mischung dieser Spezialschokolade verbessert den Geschmack ungemein.
Natürlich verlockte der Gedanke, das Fonduespiel auf weitere Desserts und süße Sachen auszudehnen. So haben wir das Stippen in Kaffee dadurch, daß wir es zur Fondue machten, zunächst unseren Gästen erlaubt. Der Erfolg war so groß, daß wir auch Ihnen die Rezepte nicht vorenthalten möchten.
Dazu stellen wir zwei Fondues, mit denen man (unter Aufsicht bitte) einen Kindergeburtstag besonders attraktiv machen kann und die keinerlei große Vorbereitung erfordern.
Schließlich finden Sie noch Vorschläge, Eis einmal anders anzubieten und eine weitere Industrie-Idee mit Pulverkaffee, deren Rezepte ich, Ulrich, vor acht Jahren mitentwickelt habe, sollen Sie auch kennenlernen.
Doch beginnen wir mit dem Originalrezept der ersten süßen Fondue:

Toblerone-Fondue

Bild gegenüber

1/8 l Sahne • 3 Riegel Toblerone zu je 100 g • eventuell 1 Eßl. Cognac oder Rum oder 1 Eßl. Milch

So wird's gemacht: Die Sahne in einem Töpfchen warm werden lassen. Die Schokoladenriegel zerbrechen und darin schmelzen lassen. Rühren, bis sich alles gelöst hat. Die Creme mit dem Alkohol oder der Milch etwas verdünnen; achtgeben, daß nichts anbrennt. In den Caquelon umfüllen (oder in ein feuerfestes Töpfchen, das Sie auf das Kaffee- oder Teestövchen stellen, denn eine Kerzenflamme ist richtig).

So schmeckt's am besten: Mit Weißbrotstückchen, Birnen- oder Apfelwürfeln austunken. Sie können auch Kuchenstücke, Ananaswürfelchen, Kirschen, Mandarinorangen oder Trauben nehmen.

Anmerkung: Wir finden Brot oder Blinis (Rezept Seite 120) am besten, weil das Gericht dann nicht so süß wird.

Unser Geheimtip: Grahambrotwürfel oder Knabbeln (Rezept Seite 119), mit 2–3 Tropfen Rum beträufelt.

Varianten aus den USA: Statt Rum einen Kakaolikör (Kaluah) nehmen. Oder aber mit 1 Eßlöffel Cognac plus 1 Eßlöffel Cointreau plus 1 Eßlöffel Pfefferminzlikör plus 1 Eßlöffel Pulverkaffee abschmecken. Diese Variante stippt man mit Marshmallows, Bananenwürfeln und getrockneten Aprikosenstückchen aus.

Whisky-Schokoladen-Fondue

1/4 l Sahne • 1 Tafel Feinbitterschokolade (100 g) • 1 Tafel Milchschokolade (100 g) • 1 Eßl. Pulverkaffee • 1 Eßl. Scotch Whisky

So wird's gemacht: Die Sahne erwärmen und die kleingebrochene Schokolade darin schmelzen lassen. Immer gut umrühren, kann leicht anbrennen! Den Pulverkaffee im Whisky lösen und dazugeben. Auf ein Rechaud mit einer Kerze stellen.

So schmeckt's am besten: Mit Grahambrot, Blinis (Rezept Seite 120) oder abgetropften Ananasstükken auftunken.

Schokoladenfondue mit Nüssen

1/4 l Sahne • 2 Tafeln Vollmilch-Nuß-Schokolade mit gehackten Nüssen (200 g) • 2 Eßl. Cognac • 1 Prise gemahlener Koriander

So wird's gemacht: Die Sahne erwärmen und die kleingebrochene Schokolade darin schmelzen lassen. Unter ständigem Rühren den Cognac und den Koriander dazugeben.

So schmeckt's am besten: Zum Stippen Grahambrot, Honigkuchenwürfel und Apfelstücke bereitstellen. Die Nüsse dürfen zum Schluß aus der Schüssel gelöffelt werden.

Schokoladenfondue Jamaica

1/8 l Sahne • 2 Tafeln Tobler-au-Rum (200 g) • 2 Eßl. weißer Rum

So wird's gemacht: Die Sahne erwärmen, die kleingebrochene Schokolade darin schmelzen lassen, umrühren und den Rum dazugeben. Auf das Kerzenrechaud stellen.

So schmeckt's am besten: mit Sandkuchenwürfeln, geschnittenen Feigen, Löffelbiskuits oder Haferflokkenbrot (Rezept Seite 119). Die Rosinen und Nüsse aus der Tobler-au-Rum dürfen mit der Gabel aus der Fondue gefischt werden.

◁ Ganz ausgefallen und neu: braten und dippen um einen erhitzten Steinteller aus Japan. Rezept Seite 92

Schokoladenfondue mit Parfum

¼ l Sahne · 2 Tafeln Feinbitterschokolade (200 g) · 2 Eßl. Quittengelee · 1 Eßl. Rum

So wird's gemacht: Die Sahne erwärmen, die kleingebrochene Schokolade dazugeben und unter Rühren zum Schmelzen bringen. Dann das Gelee einrühren, bis es sich gelöst hat. Mit dem Rum parfümieren.

So schmeckt's am besten: Aufgetunkt wird mit halbierten festfleischigen Zwetschgen, mit halbierten großen blauen Trauben, mit Apfelstücken und mit Weißbrot.

Varianten: Statt mit Quittengelee plus Rum mit bitterer Orangenmarmelade plus Whisky, mit herbem Johannisbeergelee plus Kirschwasser, mit Zitronengelee plus Cognac, mit Sauerkirschmarmelade plus Cherry Brandy zubereiten.

Minz-Schokoladen-Fondue

⅛ l Sahne · 2 Eßl. Pfefferminzlikör · 2 Tafeln Halbbitterschokolade (200 g)

So wird's gemacht: Die Sahne erwärmen und den Pfefferminzlikör dazugeben. Die Schokolade grob reiben, in die Flüssigkeit rühren und schmelzen. Auf das Kerzenrechaud stellen.

So schmeckt's am besten: Wer es ganz süß mag und nicht joule-/kalorienscheu ist, dippt mit mundgerechten Stücken von kandierten Früchten. Sonst feste Birnen aus der Dose oder frische Birnen, in mundgerechte Stücke geschnitten, nehmen. Dazu wie immer Weißbrot oder Sandkuchen.

Unser Tip: Servieren Sie Schokoladenfondue als Weihnachtsdessert, sollten Sie auch mal mit Christstollenwürfeln dippen. Experimentieren Sie mit verschiedenen Likören, um die Schokoladenfondue zu aromatisieren. Für Kinder lassen Sie die Schnäpse weg, obwohl der Alkohol bestimmt verdampft ist, bevor man das Stippen beginnt. Passen Sie auf, daß die Fondue nicht anlegt, anbrennt oder zu dick wird. Verdünnen Sie notfalls mit etwas Wasser, etwas starkem Kaffee, mit Sahne oder Cognac.

Anmerkung: Da wir Schokoladenfondue als Dessert servieren, gibt es nichts dazu zu trinken. Wer's mag, kann einen Becher Milch reichen oder eine Tasse starken Kaffee. Wem Süßes gern ein bißchen zuviel wird, der läßt sich Wasser oder Mineralwasser dazu servieren oder ein Gläschen Cognac oder Rum.

Stippfondue

Zunächst eine Form, die all denen besonders gut schmecken muß, die zu Hause nie ihr Brötchen in den Kaffee stippen durften. Nennen wir sie »doppelt gemoppelt«.

1 l heißer, starker Kaffee · 4 Stück Sandkuchen · 4 Strauben (süßes, ungefülltes Schmalz-Spritzgebäck) · Sahne · Kakao · Zucker · Zimt

So wird's gemacht: Der heiße Kaffee wird in großen Tassen serviert. Jede der 4 Personen bekommt eine Tasse Kaffee, einen Löffel und eine Fonduegabel. Kuchen und Strauben in bißgroße Stücke zerteilen. Man würzt sich seinen Kaffee nach Wunsch – auch mit etwas Kakao –, piekt ein Kuchenstück auf und läßt es sich voll Kaffee saugen. Zwischendurch trinkt man ein Schlückchen.

Variante: Das Ganze kann man auch mit einem kräftigen Kakao machen.

Royal-Mokkafondue

Eine Abwandlung ist die folgende US-Fondue. Was glauben Sie, wie leidenschaftlich gern Ihre Gäste ungeniert tunken werden!

2 Tafeln Halbbitterschokolade (200 g) · ⅛ l heißer, starker Kaffee · 3 Eßl. Sahne · 3 Eßl. Cognac · 1 Messerspitze gemahlener Zimt

So wird's gemacht: Die Schokolade kleinbrechen, im Kaffee schmelzen lassen und cremig rühren. Dann Sahne, Cognac und Zimt dazugeben und gleichmäßig verrühren. Einen hölzernen Löffel benutzen.

So schmeckt's am besten: Mit Marshmallows, Würfeln von Sandkuchen oder Pfirsichschnitzen auftunken.

Marshmallowfondue

Diese Fondue eignet sich vorzüglich für einen Kindergeburtstag. Wahrscheinlich werden Sie die doppelte Menge machen müssen!

1 Paket Marshmallows (150 g) • 2 Eßl. Zitronensaft • einige Eßl. Wasser • 1/8 l Sahne

So wird's gemacht: Die Marshmallows mit dem Zitronensaft und dem Wasser bei gelinder Hitze schmelzen lassen. Die Sahne dazugeben und zu einer gleichmäßigen Creme verrühren.

So schmeckt's am besten: Mit Ananasstücken, Pfirsichschnitzen und Kuchenwürfeln auftunken.

Anmerkung: Marshmallows sind weiche, recht süße Riesenbonbons aus Maisstärkesirup, Zucker, Traubenzucker und Gelatine. Es gibt sie in den Farben grün = Limone, rosa = Erdbeere, orange = Apfelsine und gelb = Zitrone.

Käpt'n-Nuß-Fondue

1 Glas Käpt'n-Nuß-Nougatcreme (400 g) • 1 große Dose (1/1) eingelegte Birnen oder halbierte Aprikosen • 1 Packung Marshmallows (150 g)

So wird's gemacht: Die Nougatcreme im Fonduetopf bei mäßiger Hitze schmelzen lassen. Durchrühren. Die Masse soll nicht kochen, sondern nur heiß werden und heiß bleiben. Die Früchte in Würfel schneiden und in die heiße Creme tauchen. Die Marshmallows piekt man am besten auf Holzspießchen oder lange Zahnstocher (ganz durchstechen).

Nützlicher Hinweis: Eine blitzschnelle Fondue, die genau wie die vorherigen Kindern gut schmeckt.

Rum-Zucker-Fondue

Die Pfannkuchen zum Stippen backen Sie nach Ihrem hauseigenen Lieblingsrezept.

100 g brauner Zucker • 50 g Butter • 2 Eigelbe • 5 cl dunkler Jamaika-Rum • 8 kleine Pfannkuchen oder Blinis (Rezept Seite 120)

So wird's gemacht: Den Zucker zusammen mit der Butter unter ständigem Rühren im Fonduetopf schmelzen lassen. Die Masse vom Herd nehmen, die Eigelbe verquirlen und hineinrühren, ebenso den Rum. Auf kleinstem Feuer (Kerze) zu einer cremigen Sauce rühren. Die Pfannkuchen vorher backen, rollen und in Streifen schneiden, mit Holzspießchen festgesteckt oder aber mit Fondueqabeln in die Rum-Zucker-Butter tauchen.

Karamelfondue

250 g Sahnetoffees oder Karamelbonbons • 8 Eßl. Wasser oder Sahne • 1 Eßl. Rum

So wird's gemacht: Die Bonbons unter ständigem Rühren in dem Wasser oder der Sahne auf kleinem Feuer auflösen. Den Rum dazugeben. Die Sauce warm halten.

So schmeckt's am besten: Apfelstücke, Walnüsse (lassen sich schlecht aufpieken, schmecken aber gut), Makrönchen und Bananenstücke stippen.

Anmerkung: Das Auflösen von Sahnetoffees ist einfacher, als erst Zucker karamelisieren zu lassen. Wenn das nämlich schiefgeht, haben Sie statt einer Fonduesauce Karamelbonbons im Topf.

Früchtefondue für Süßmäuler

Saft von 6 Zitronen • Saft von 6 Orangen • 4 gestrichene Eßl. Puderzucker oder Honig

So wird's gemacht: Den Fruchtsaft mischen, mit dem Zucker oder 2–3 Eßlöffeln Honig abschmecken; 5 Minuten im Fonduetopf köcheln lassen.

So schmeckt's am besten: mit Orangenschnitzen, deren Haut abgezogen wurde, Pfirischschnitzen, Ananasstücken, ausgestochenen Bällchen von Ogen- oder Netzmelone, entkernten Kirschen, entkernten Datteln, Stücken von Feigen, Scheiben von Kiwis, abgetropften Lychees aus der Dose – und was Ihnen sonst noch an interessanten Früchten einfällt. Das Angebot sollte reichhaltig sein.

Nützlicher Hinweis: Die Früchte zimmerwarm servieren. Mit Holzspießchen in die warme Sauce tauchen.

Früchtefondue für Herb-Esser

¼ l gute Hühnerbrühe • ¼ l Marsala • 1 gestrichener Eßl. Currypulver • 1 gestrichener Eßl. Arrowroot (Pfeilwurzmehl) • 1 Eßl. kaltes Wasser

So wird's gemacht: Die Brühe, den Wein und den Curry miteinander 10 Minuten köcheln lassen. Wenn die Flüssigkeit durch und durch heiß und gut vermischt (und der Curry völlig aufgelöst) ist, in den Fonduetopf gießen. Arrowroot (Pfeilwurzmehl, in den Gewürzregalen von Feinkostgeschäften zu finden; ein Dickungsmittel, das die Flüssigkeit klar läßt und nicht trübt wie Maisstärke) mit dem Wasser anrühren, dazugeben, kurz aufkochen.

So schmeckt's am besten: Bieten Sie Früchte an wie bei der Früchtefondue für Süßmäuler, dazu noch Würfel von Avocados. Alle Fruchtschnitze, -bällchen und -würfel im Tiefkühlfach steif frieren lassen, dann 10 Minuten antauen lassen. Mit Holzspießchen servieren. Man läßt sie in der Flüssigkeit je nach Geschmack ganz heiß oder nur außen warm werden.

Apfelfondue

750 g sehr säuerliche Äpfel • 1 Stückchen Zimtstange • 1 Spirale ungespritzte Zitronenschale • ½ l Wasser • 1 Eßl. Butter • 1 gestrichener Eßl. Mehl • ½ l Wein • 3–4 Eßl. Zucker

So wird's gemacht: Die Äpfel schälen, vierteln und mit Zimt und Zitronenschale im Wasser weich kochen. Durchpassieren. Die Butter erhitzen und das Mehl darin hellgelb anrösten. Langsam mit dem Wein aufgießen und den Zucker einrühren. Nicht kochen, nur rühren, bis der Zucker sich gelöst hat. Den dicken Apfelbrei daruntermischen, nochmals erhitzen. Sollte die Apfelfondue zu dünn sein, noch 1 Teelöffel mit wenig Wasser angerührte Speisestärke einrühren. Im Caquelon auf kleinster Rechaudflamme oder auf einer Warmhalteplatte auftragen.

So schmeckt's am besten: Mit Knabbeln (Rezept Seite 119) oder Pumpernickel und Walnußkernen auftunken.

Anmerkung: Faule Köche stellen den Apfelbrei nicht selbst her, sondern nehmen Cidre (Apfelwein) und dicken ihn mit entsprechend mehr Mehl ein.

Tutti-Frutti-Eisfondue

Mit heißen Stippsaucen bevorzugen sie fleißige Köche, die faulen finden eine kalte Version auf Seite 100. Neben faul und fleißig ist es aber vor allem eine Geschmacksfrage. Bitte erst die Anmerkung auf der nächsten Seite lesen.

Sauerkirsch-Stippsauce

75 g Zucker • 4 Eßl. Mandelblättchen • 1 großes Glas entsteinte Sauerkirschen (700 g) • 2–3 Teel. Speisestärke • 2 Eßl. Rum oder Weinbrand
Dazu pro Person: 2 Williamsbirnenhälften (Dose) • 2 Pfirsichhälften (Dose) • Eiswürfel • ½ Packung Vanilleeis

So wird's gemacht: Den Zucker in einer Pfanne unter Rühren hellgelb karamelisieren lassen, die Mandelblättchen zugeben und darin bräunen. Die Sauerkirschen abgießen, die Hälfte im Mixer pürieren. Püree, Kirschen und Saft (4 Eßlöffel voll zurückbehalten) erwärmen. Die Speisestärke mit dem restlichen Kirschsaft anrühren. Die Fondue damit aufkochen. Die karamelisierten Mandeln zufügen und erst bei Tisch auf dem Rechaud mit Alkohol aromatisieren.
Die Dosenfrüchte in mundgerechte Stücke schneiden und portioniert auftragen. Zuletzt in vier Suppenteller etwas zerschlagene Wassereiswürfel geben. Das Vanilleeis würfeln und in vorgekühlte Portionsschalen geben, die man auf das Eis in die Suppenteller stellt. Ganz schnell auftragen. Es darf gestippt werden.

Karamel-Stippsauce

200 g Sahnetoffees • 7 Eßl. Wasser • 30 g Walnüsse • 2 Eßl. Rum oder Arrak

So wird's gemacht: Die Sahnetoffees mit dem Wasser unter ständigem Rühren auflösen, dabei muß die Masse immer am Kochen sein. Das dauert etwa 10 Minuten. Die Walnüsse feinhacken. Wenn die Fondue auf das Rechaud bei Tisch kommt, die Nüsse und den Alkohol einrühren. Eis und Früchte wie bei der Sauerkirsch-Stippsauce dosieren und anrichten.

Anmerkung: Diese Eisfondues haben eine kleine Unbequemlichkeit; man muß schon einige Tage vorher an sie denken und Wassereiswürfel auf Vorrat im Gefrierfach herstellen. Während die nächste Portion friert, hebt man die fertigen Eiswürfel in einem Plastikbeutel im Heimgefrierer auf.

Eisfondue

Das ist eine Fondue für Eilige, gekocht wird gar nicht, man braucht kein Rechaud, nur verschiedene Schüsselchen für die Fertigsaucen von Schwartau.

½ Flasche Erdbeersauce • ½ Flasche Himbeersauce • ½ Flasche Kirschsauce • ½ Flasche Heidelbeersauce • ½ Flasche Schokoladensauce
Dazu pro Person: 250 g frische Früchte der Saison (Erdbeeren, Himbeeren, Aprikosen, Pfirsiche) • ½ Packung Vanilleeis

So wird's gemacht: Beliebig viele der angegebenen Saucen in Schüsselchen geben. Früchte waschen, trocknen (eventuell die Haut abziehen), in bißgroße Stücke schneiden, auftragen. Dann, wie in der Tutti-Frutti-Eisfondue (Seite 99) ausführlich beschrieben, das Vanilleeis anrichten und schnell mit dem Austunken beginnen.

Die Kaffeefondue

Eine neue Idee mit einem neuen Gerät, das am 16. Juni 1972 zum erstenmal präsentiert wurde. Ich habe bei der Entwicklung der Rezepte mitgeholfen. Kaffeekännchen aus Kupfer mit Stiel stehen über mit Spiritus beheizten Minibrennern. Man entzündet die Brenner und gibt in die Kupferkännchen Wasser. Es wird sehr schnell heiß, denn Kupfer ist ein guter Wärmeleiter. Nun gibt jeder in seine Tasse so viel Nescafé Gold, wie stark er seinen Kaffee möchte, gießt mit dem heißen Wasser auf und wendet eines der vielen Kaffeerezepte an, von denen ich anschließend 4 vorstelle. Sie können im Kännchen auch Milch erhitzen oder Cognac zum Flambieren. Im letzten Fall brauchen Sie nur die Flamme hineinschlagen zu lassen.
Die Idee: Man sitzt mit allen Zutaten, die man für die verschiedenen Kaffeezubereitungen braucht, um die blauen Flammen der Minibrenner und bereitet gemeinsam Kaffee zu, jeder auf seine Lieblingsweise.

Nützlicher Hinweis: Auch wenn Sie so ein Fonduegerät nicht haben, können Sie in einem großen türkischen Mokkakännchen mit heißem Wasser, Pulverkaffee und den anderen Zutaten eine Kaffeefondue machen – sie ist nur nicht so romantisch, so stilvoll und so attraktiv wie die echte. Hier die Rezepte:

Türkischer Honigkaffee

Pro Person:
1 Teel. Honig • 1 gehäufter Teel. Pulverkaffee

So wird's gemacht: Das Kupferkännchen zu einem Viertel mit Wasser füllen und auf dem Rechaud erhitzen. Den Honig in dem heißen Wasser lösen. Den Pulverkaffee in die Mokkatasse geben, mit dem heißen Honigwasser auffüllen und umrühren. Der Honig gibt diesem Kaffee seinen unverwechselbaren aromatischen Geschmack.

Café Brûlot

Pro Person:
1 gehäufter Teel. Pulverkaffee • 2 Stück Würfelzucker • 1 Gläschen Cognac (2 cl) • 1 Eßl. Schlagsahne

So wird's gemacht: Das Kupferkännchen zur Hälfte mit Wasser füllen und auf dem Rechaud erhitzen. Den Pulverkaffee in die Tasse geben und mit dem heißen Wasser auffüllen. Das leere Kännchen auf das Rechaud zurückstellen. Den Würfelzucker hineingeben, mit Cognac angießen und erwärmen. Das geht sehr schnell. Den Zucker durch Umrühren oder Schwenken lösen. Die Flamme hineinschlagen lassen und brennend in den Kaffee gießen. Mit einem Klacks Schlagsahne krönen.

Coffee Westindia

Pro Person:
1 hochgehäufter Teel. Pulverkaffee • 2 gestrichene Teel. Zucker • 1 Messerspitze gemahlene Nelken • 2 kleine Würfel Orangeat • 1 Gläschen weißer Rum (2 cl) • 1 Zimtstange • 1 Eßl. Schlagsahne

So wird's gemacht: Das Kupferkännchen zur Hälfte mit Wasser füllen und auf dem Rechaud erhitzen. Den sofort löslichen Kaffee, den Zucker, das Nelkenpulver, das Orangeat und den Rum in die Kaffeetasse geben. Mit heißem Wasser aufgießen und mit der Zimtstange umrühren. Mit einer Sahnehaube bedecken und die Zimtstange zum Würzen, Umrühren und zur Dekoration darin stecken lassen.

Schokoladenkaffee für Vier

Milch • 4 gehäufte Teel. Pulverkaffee • 4 gehäufte Teel. Nesquik • 4 Prisen Salz • 4 Eßl. Schlagsahne • etwas Kakao oder geriebene Schokolade

So wird's gemacht: 2 Kupferkännchen mit Wasser, 2 mit Milch füllen und auf dem Rechaud heiß werden lassen. In jede Tasse Pulverkaffee und Kakaopulver geben. Mit 1 Prise Salz würzen. Die Tasse halbvoll mit heißem Wasser füllen und mit der heißen Milch aufgießen. Gut umrühren. Auf jeder Tasse einen Klacks Sahne schwimmen lassen, den wir mit etwas geriebener Schokolade oder Kakao bestreuen.

Damit haben wir unser Dessert genügend »fonduet«. Fonduefans können die Kaffeefondue noch nach einer Schokoladen- oder Eisfondue servieren.

Saucen und Dips von A-Z

Bei unserer Definition »Was versteht man unter einer Fondue?« ist das Stippen ein unerläßlicher Bestandteil dieses Essens. Bei den Käsefondues stippt man in die geschmolzene Käsemasse, bei den Fleisch- und Fischfondues braucht man Saucen, in die man stippen kann. Es sollten meist mehrere sein, denn die persönliche Wahlmöglichkeit und die Vielfalt gehören mit zum Fondueritual.
Neben den Saucen gibt es noch die Dips. Ursprünglich war dieser Saucenverwandte immer auf Quark- oder Cottage-cheese-(Hüttenkäse-, Jocca- oder Schlanki-)Grundlage aufgebaut (es konnte auch Sauerrahm sein) und wurde nach Beendigung der Prohibition ein wichtiger Bestandteil der amerikanischen Cocktailpartys. Dort servierte man »finger food« (Dinge, die man ohne Besteck essen kann), das man in bereitgestellte Saucen »dipte«. Inzwischen haben sich – genau wie bei der Fondue – die Begriffe verwischt. Als Faustregel gilt: Was dicklich ist und nur zum Stippen gereicht wird, ist ein Dip.
Diprezepte gibt es in ihrem Ursprungsland in großer Zahl und in zahllosen Varianten. Diese werden von den US-Hausfrauen meist streng als Geheimnisse gehütet, entscheidet doch ein Dip mit einem gewissen Pfiff, einem besonderen Etwas über das Gelingen einer Party – einer Fleischfondue-Party.
Damit Sie Ihre Fondues so abwechslungsreich und erfolgreich wie möglich anbieten können, haben wir Ihnen eine Anzahl von Saucen und Dips aufgeschrieben. Es sind Klassiker dabei und Geheimrezepte erfolgreicher Gastgeberinnen, es sind Neu-Erfindungen, es sind ganz einfache und hübsch raffinierte. Es sind Zusammenstellungen, die man selbst machen kann.
Vor alle selbstgemachten Saucen und Dips hat die Industrie die Fertigsaucen gestellt. Inzwischen kann man unter Dutzenden wählen. Wir haben Ihnen am Ende dieses Kapitels (auf Seite 116) eine Zusammenstellung der Saucen gemacht, die wir ausprobiert haben und gut finden. Allein bei der bekanntesten Fertigsauce, dem Tomatenketchup, gibt es die verschiedensten Geschmacksrichtungen, und selber kann man zum Beispiel Ketchup nur mit einem großen Zeitaufwand und eigentlich nicht so gut wie die Spezialisten machen.
Fertigsaucen serviert man in ihren Flaschen oder

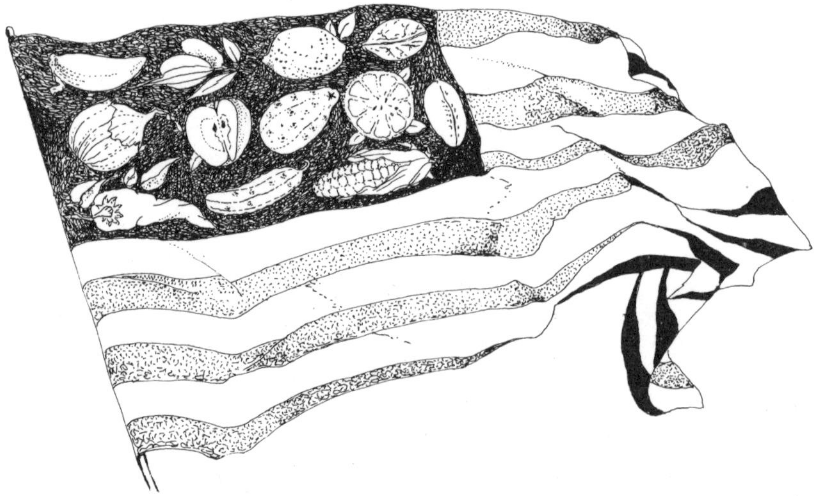

Gläsern. Sie in Schüsselchen umzufüllen und als Eigenkreation auszugeben, ist Küchen-Hochstapelei. Man kann sie natürlich durch kleine Zugaben verändern oder als Basis für einen Dip nehmen, wie wir es in manchen der folgenden Rezepte machen. Dann reicht man sie sowieso in Schüsselchen und darf das Lob auf sich lenken.
Fangen wir mit einer klassischen Sauce aus der Provence an.

Aioli

4 Knoblauchzehen • ½ Teel. Salz • 1 Eigelb • ¼ l Olivenöl • Zitronensaft

So wird's gemacht: Entweder nach alter Sitte mit dem Mörser arbeiten oder mit einer Küchenmaschine. Die Knoblauchzehen mit dem Salz zerquetschen und zerreiben, unter Rühren das Eigelb dazugeben und tropfenweise das Öl. Ist die Mischung zu Mayonnaise geworden, wird mit etwas Zitronensaft abgeschmeckt.

Besonders gut zu: Fischfondue, zu Artischocken- und Spargelfondue.

Variante: 3 feingehackte Knoblauchzehen unter einen Beutel Mayonnaise rühren. Mit 2 Tropfen Tabasco pikant schärfen.

Apfel-Rosinen-Dip

1 Eßl. kernlose Rosinen • 3 Eßl. Rotwein • 1 Apfel • 1 Teel. Zitronensaft • ½ Teel. Tabasco • 1 Eßl. Worcestersauce • 1 Eßl. gehackte Walnüsse

So wird's gemacht: Die Rosinen in Rotwein einweichen, bis sie aufgequollen sind. Den Apfel schälen und würfeln. Die Rosinen zusammen mit dem Apfel, dem Zitronensaft, dem Tabasco und der Worcestersauce in den Mixer geben und pürieren. Die Nüsse unterheben.

Besonders gut zu: Fleischfondue.

Apfelsauce

8 Eßl. saure Sahne • 3 Eßl. scharfer französischer Senf • ½ Zwiebel • 2 Äpfel • Salz • Pfeffer • 2 hartgekochte Eier

So wird's gemacht: Die saure Sahne mit dem Senf verrühren. Die Zwiebel und die Äpfel gleich in die Mischung reiben. Salzen, pfeffern. Die Eier hacken und unterheben.

Besonders gut zu: Siedfleischfondue, Meerestierfondues und zu Gegrilltem.

Variante: Würzen wir mit 1 zusätzlichen Teelöffel Curry, dann ist die Sauce zu Meerestieren und zur Lammfondue geradezu ideal. (Sie ergibt mit 200 g daruntergemischten Krabben einen interessanten Cocktail.)

Aprikosensauce

½ Dose Aprikosen ohne Zucker • 5 Eßl. Mangochutney • 2 Eßl. Apfelessig • 1 Teel. abgeriebene Zitronenschale • 1 gestrichener Teel. Zucker

So wird's gemacht: Die Aprikosen zermusen und das Chutney ganz klein hacken. Mit den anderen Zutaten in eine Kasserolle geben. Auf kleiner Hitze so lange rühren, bis die Masse zu blubbern anfängt.

Besonders gut zu: jeder Art Fleisch, heiß oder kalt.

Avocadodip Nummer eins

1 große Avocado • 3 Eßl. Magerjoghurt • 1 Eßl. Mayonnaise • 2 Eßl. Tomatenketchup • ½ Teel. geriebener Meerrettich • 1 Teel. Zitronensaft • 1 Teel. Senf • 1 Eßl. gehackte Kapern • 1 Eßl. gehackte Petersilie • 1 Eßl. gehackter Dill

So wird's gemacht: Die Avocado aus der Schale löffeln und zusammen mit dem Joghurt, der Mayonnaise, dem Ketchup, dem Meerrettich, dem Zitronensaft und dem Senf im Mixer oder mit dem Rührstab zu Sauce verquirlen. Kapern und Kräuter darunterrühren.

Besonders gut zu: Fisch- oder Meerestierfondues.

Avocadodip Nummer zwei – Guacamole

1 große reife Avocado • 2 Teel. Zitronen- oder Limettensaft • 1 gestrichener Teel. Chilipulver • 1 Knoblauchzehe • 2 Eßl. Mayonnaise • Salz

So wird's gemacht: Die Avocado schälen oder aus der Schale löffeln. Das Fleisch mit einer Gabel gründlich zermusen. Dabei den Zitronen- oder Limettensaft dazugeben. Das Chilipulver, den zerquetschten Knoblauch und die Mayonnaise unterrühren. Salzen.

Besonders gut zu: allen Fleischfondues.

Bretonische Sauce

1 Tomate • einige frische Estragonblätter oder ¼ Teel. getrockneter Estragon • 2 Eßl. Tomatenpüree (Tube) • 4 Tropfen Tabasco • 1 Beutel Mayonnaise (100 g)

So wird's gemacht: Die Tomate brühen, abziehen, ausdrücken und ganz klein schneiden. Zusammen mit dem Estragon, dem Tomatenpüree und dem Tabasco unter die Mayonnaise mischen.

Besonders gut zu: Artischocken- und Spargelfondue.

Chantilly-Sauce

2 Eßl. geschlagene Sahne • 6 Eßl. Mayonnaise • 1 Teel. Zitronensaft • etwas weißer Pfeffer

So wird's gemacht: Die geschlagene Sahne vorsichtig unter die Mayonnaise rühren. Mit dem Zitronensaft und Pfeffer abschmecken.

Besonders gut zu: Fleisch- oder Fischfondue, zu Spargel und Artischocken.

Unser Tip: Die Sauce erst unmittelbar vor dem Servieren zubereiten.

Chinasauce spezial

4 Eßl. Mayonnaise • 1 Eßl. chinesische oder indonesische Sojasauce • 1 hartgekochtes Ei • 1 Stück Ingwer • 4 Eßl. steifgeschlagenes Eiweiß

So wird's gemacht: Die Mayonnaise mit der Sojasauce gründlich verrühren. Das Ei hacken, den Ingwer sehr fein hacken. Beides unter die Mayonnaise mischen. Unmittelbar vor dem Servieren das Eiweiß unterheben und die Sauce dadurch leichter machen.

Besonders gut zu: Fondue chinoise und allen Feuertöpfen.

Currysauce Nummer eins

250 g Hüttenkäse oder Jocca • 2 gestrichene Teel. Currypulver • 1 Eßl. geriebener Apfel oder Apfelkompott • etwas Salz • eventuell 1 Prise Safran

So wird's gemacht: Die Zutaten gründlich miteinander verrühren. 1 Prise Safran macht die Farbe der Sauce intensiver und appetitanregender, ohne daß sie ihren Geschmack verändert. Kalorienarm!

Besonders gut zu: Fleisch- und Fischfondues.

Currysauce Nummer zwei

1 Beutel Mayonnaise (100 g) • 3 Eßl. Dosenmilch • 1 Apfel von etwa 100 g • 1/2 kleine Zwiebel • 1–2 gestrichene Teel. Currypulver • Zitronensaft • Salz • 1 Prise Zucker

So wird's gemacht: Die Mayonnaise mit der Dosenmilch verrühren und dadurch geschmeidiger machen. Den Apfel schälen, hineinraspeln und sofort umrühren, damit er nicht anläuft. Die Zwiebel ganz klein hacken, mit dem Curry zufügen. Rühren. Mit Zitronensaft, Salz und Zucker abschmecken.

Besonders gut zu: Fondue bourguignonne.

Energieketchup

1/2 Flasche Tomatenketchup (170 g) • 2 gestrichene Eßl. Edelsüßpaprika • 2 Eßl. Magerquark • 1 Teel. Sojasauce • 1 Teel. Obstessig

So wird's gemacht: Die Zutaten gut miteinander verrühren. In kleinen Schüsselchen servieren.

Besonders gut zu: Senf- oder Fleischfondues.

Erdnußsauce

2 Eßl. geriebene Zwiebel • 2 Eßl. Olivenöl • 0,2 l Milch • 2 Eßl. Kokosflocken • 2 gestrichene Eßl. brauner Zucker • 1 Eßl. Limetten- oder Zitronensaft • 2 Eßl. Erdnußbutter

So wird's gemacht: Die Zwiebel im Öl braun werden lassen. In der Milch die Kokosflocken einweichen. Den Zucker, den Limetten- oder Zitronensaft und die Erdnußbutter dazugeben. Gut durchrühren. Die Milch und die in ihr eingeweichten Kokosflocken langsam dazugießen. Gut rühren und vorsichtig auf die Hälfte einkochen lassen.

Besonders gut zu: Fondue um einen Grill.

Estragonsauce

4 Eigelbe • 125 g Butter • Salz • weißer Pfeffer • 5 Eßl. Weißwein (trockener Mosel) • 1 Teel. kleingehackte eingelegte Estragonblätter (Maille) • 1 Teel. Zitronensaft • 1/2 Teel. Zucker

So wird's gemacht: Die Eigelbe schaumig schlagen, die Butter zerlassen und nach und nach dazugeben. Salzen und mit der Pfeffermühle darübermahlen. Ins Wasserbad, das schon heiß ist, stellen und weiterschlagen. Nach und nach den Weißwein dazugeben, dann den Estragon, den Zitronensaft und den Zukker. Die Sauce soll schön dick sein. Sie wird warm serviert.

Besonders gut zu: Fisch-, Spargel- und Artischokkenfondue.

Feuersauce

250 g Magerquark • 3 Eßl. Zigeunersauce oder Hot-Ketchup • Salz • Pfeffer • 1 Prise Zucker • eventuell Tabasco oder Cayennepfeffer

So wird's gemacht: Den Quark mit der Sauce gründlich verquirlen (man kann auch Hot-Ketchup nehmen) und pikant abschmecken. Falls nicht scharf genug, mit einigen Tropfen Tabasco oder einer Messerspitze Cayennepfeffer nachschärfen.

Besonders gut zu: Fleischfondue, Käsefondue bourguignonne und Fischstäbchenfondue.

Gribiche-Sauce

1 hartgekochtes Ei • 1/2 Eßl. feingeschnittener Schnittlauch • 1/2 Eßl. feingehackte Petersilie • 1/4 Eßl. gehackter Kerbel • 1/4 Eßl. gehackter Estragon • 3 Cornichons • 1 Teel. Kapern • 1 Beutel Mayonnaise (100 g)

So wird's gemacht: Das Ei in Weiß und Gelb trennen, das Weiße ganz klein schneiden, das Gelbe mit der Gabel zerdrücken. Zusammen mit den Kräutern und den feingehackten Gürkchen und Kapern sorgfältig unter die Mayonnaise mischen.

Besonders gut zu: Artischocken-, Spargel- oder Fischfondue.

Grüne Spargelsauce

1 Zwiebel • 3 Eßl. Obstessig • 1 Eßl. Spargelkochwasser • 6 Eßl. Olivenöl • 1 Teel. scharfer Senf • 1 Eßl. gehackte Petersilie • 1 Eßl. gehackter roher Spinat • 1 Eßl. gehackte Kresse • ½ Knoblauchzehe

So wird's gemacht: Die Zwiebel ganz fein hacken. Alle Zutaten sorgfältig und lange, etwa 5 Minuten, zusammenrühren.

Besonders gut zu: Spargel- oder Artischockenfondue.

Haselnußsauce

30 g Butter • 30 g Mehl • ¼ l klare Fleischsuppe oder Spargelwasser • Zitronensaft • Salz • 1 Eigelb • ⅛ l Sahne • 100 g Haselnüsse

So wird's gemacht: Aus der Butter, dem Mehl und der Brühe eine helle Sauce machen (oder ein Päckchen Helle Soße nach Vorschrift zubereiten). Mit Zitronensaft und Salz abschmecken. Mit dem Eigelb und der Sahne verfeinern. Die Haselnüsse in einer Pfanne rösten, durch die Mandelmühle drehen und unter die Sauce mischen.

Besonders gut zu: Fischfondue, Spargelfondue oder gegrillten Steaks.

Holländische Sauce

2 Eßl. Weinessig • ½ Eßl. feingehackte Zwiebel • 4–6 Pfefferkörner • 1–2 Eßl. Wasser • 3 Eigelbe • 250 g Butter • Streuwürze • etwas Zitronensaft

So wird's gemacht: Den Essig, die gehackte Zwiebel und die zerdrückten Pfefferkörner zusammen in einer kleinen Kasserolle beinahe vollständig einkochen. Dann das kalte Wasser dazugeben und die Masse durch ein Sieb in eine Schüssel drücken. Die Eigelbe zufügen und das Ganze auf nicht zu heißer Herdplatte, besser noch im Wasserbad, unter fortwährendem Schlagen und Schwingen zu einer dicklichen Creme rühren. Die Butter erwärmen und flüssig werden lassen. Ganz langsam unter ständigem Schlagen unter die Eiercreme mischen. Streuwürze und Zitronensaft hinzufügen. Die Butter darf übrigens nicht zu heiß sein. Wird die Sauce zu dick, fügt man noch ein wenig Wasser dazu.

Besonders gut zu: Fondue chinoise und allen Fisch- und Meerestierfondues sowie zu Spargel- und Artischockenfondue.

Variante: Die Mousselinesauce (oder auch die echte Chantilly) wird aus der Hollandaise abgeleitet. Unter ½ l holländische Sauce 4 gut gehäufte Eßlöffel Schlagsahne ziehen.

Anmerkung: Ein Gericht mit dem Zusatz Chantilly hat immer mit Sahne zu tun, denn auf Schloß Chantilly soll einst ein Koch die Schlagsahne erfunden haben.

Honigdip

250 g kernlose blaue Rosinen • ⅛ l Wasser • 2 Eßl. Honig • 2 Eßl. Paprikamark (oder Hot-Ketchup) • 1 Eßl. Sojasauce • Salz • 4 Tropfen Tabasco • 1 Spritzer Worcestersauce

So wird's gemacht: Die Rosinen mit dem Wasser im Mixer zu Brei zermusen. Den Honig dazugeben, ebenso die anderen Zutaten. Diese Zutaten darf man auch variieren: Wichtig ist die Rosinen-Honig-Mischung.

Besonders gut zu: Fondue bourguignonne und gegrilltem Fleisch.

Indonesische Sauce

60 g Butter · ⅛ l indonesische Sojasauce · 2 Eßl. Zitronensaft · Salz · Pfeffer · 1 eingelegte scharfe Pfefferschote

So wird's gemacht: Die Butter zerlassen. Die Sojasauce, den Zitronensaft, Salz und Pfeffer dazugeben. Die Pfefferschote aufschneiden, die Kerne entfernen und die Schote ganz fein hacken. Dazugeben. Zum Kochen bringen, dann 2 Minuten ziehen lassen.

Besonders gut zu: indonesischen Fleischspießchen.

Variante: Statt der Butter Erdnußbutter nehmen. Zum Schluß 1 Eßlöffel Instant-Zwiebeln hineinrühren.

Kaffeebutter

100 g Butter · 50 g Quark · 2 Eßl. scharfer Senf · 1 gestrichener Teel. Pulverkaffee

So wird's gemacht: Die Butter und den Quark schaumig rühren und den mit dem Senf verrührten Pulverkaffee dazugeben. Zu einer Rolle formen, in Alufolie wickeln und im Kühlschrank aufheben. In Scheiben schneiden, nicht zu kalt und nicht zu fest servieren.

Besonders gut zu: Fleisch- und Fischfondue.

Kalkutta-Dip

⅛ l Sahne · 2 Päckchen Rahmfrischkäse (Gervais oder Philadelphia) · 3 Eßl. Chutneysauce · 1 gestrichener Teel. Currypulver · 100 g Cashewnüsse

So wird's gemacht: Die Sahne steif schlagen. Den Käse zerdrücken, mit der Chutneysauce und dem Curry mischen. Dann die Sahne unterheben, ebenso die kleingehackten Nüsse.

Besonders gut zu: Gemüsefondue.

Kartoffelsauce

200 g Quark · 4 Salz-Dill-Gurken · 1 gestrichener Teel. Edelsüßpaprika · 1 Eßl. Weinessig · 1 Teel. gehackter Kerbel, noch besser gehacktes Fenchelgrün · eventuell etwas Milch

So wird's gemacht: Den Quark mit den feinstgehackten Gurken gut verrühren. Den Paprika, den Essig und die Kräuter dazugeben. Geschmeidig rühren und eventuell mit ein wenig Milch verdünnen. Kalorienarm!

Besonders gut zu: Tunkis und Gemüsefondues.

Knoblauch-Käse-Dip

2–3 Knoblauchzehen · 2 Beutel Mayonnaise (je 100 g) · 1 gestrichener Eßl. geriebener Parmesankäse

So wird's gemacht: Die Knoblauchzehen zerquetschen oder pressen. Unter die Mayonnaise rühren und mit dem geriebenen Käse abrunden.

Besonders gut zu: Fleischfondues oder Spargel.

Unser Tip: Man nimmt so viel Knoblauch wie man mag. Man kann auch Knoblauchpulver oder Knoblauchsaft verwenden.

Kräutersauce

1 Eßl. gehackter Kerbel · 1 Eßl. gehackte Petersilie · 1 Eßl. kleingeschnittener Schnittlauch ·

½ Eßl. gehackter Estragon • 2 Beutel Mayonnaise (je 100 g)

So wird's gemacht: Die frischen Kräuter unter die Mayonnaise mischen und sofort servieren.

Besonders gut zu: Fischstäbchenfondue, Artischokken- und Spargelfondue.

Unser Tip: Notfalls statt 1 Eßlöffel frische Kräuter 1 Teelöffel getrocknete nehmen. Getrocknete Kräuter in der Hand zerreiben und sie in der Mayonnaise 15–30 Minuten ziehen lassen, ehe man die Sauce serviert.

Limettendip

150 g glatte Petersilie • Saft von 2 Limetten • abgeriebene Schale von 1 Limette • 2 Eßl. Crème fraîche

So wird's gemacht: Die Petersilie von groben Stielen befreien, im Mixer mit dem Limettensaft und der -schale pürieren. Die Crème fraîche zufügen und 30 Minuten kalt stellen.

Besonders gut zu: allen Fleischfondues.

Anmerkung: Limetten gehören zur Familie der Zitronen, haben aber, wenn sie reif sind, eine grasgrüne Schale. Sie enthalten keine Kerne, ergeben doppelt soviel Saft wie eine Zitrone, und der Saft ist besonders sauer-pikant.

Malteser-Sauce

2 Eßl. Weinessig • ½ Eßl. gehackte süße Zwiebel • 4 Pfefferkörner • 4 Eßl. Blutorangensaft • 3 Eigelbe • 250 g Butter • Streuwürze • 1 Eßl. hauchfein geschnittene Blutorangenschale

So wird's gemacht: Den Essig, die Zwiebel und die zerdrückten Pfefferkörner fast ganz einkochen lassen. 2 Eßlöffel Orangensaft dazugeben und die Sauce durch ein Sieb drücken. Die Eigelbe hinzugeben und alles im Wasserbad zu einer dicklichen Creme rühren und schlagen. Die flüssige, nicht heiße Butter langsam unter kräftigem Schwingen mit dem Schneebesen unter die Masse mischen. Die Streuwürze und die übrigen 2 Eßlöffel Orangensaft sowie die Orangenschale zufügen.

Besonders gut zu: Spargel- oder Geflügelfondue.

Vereinfachte Varianten: Mayonnaise mit Orangensaft und geriebener Orangenschale verrühren. Oder eine weiße Fertigsauce mit einem Eigelb verfeinern. Die notwendige Flüssigkeitsmenge zum Teil durch Orangensaft ersetzen; mit geriebener Orangenschale abschmecken.

Meerrettichdip

150 g dicke saure Sahne • 3 Eßl. geriebener frischer oder 3 Teel. getrockneter Meerrettich (Spice Islands) • Salz • 2 Tropfen Tabasco • 2 Eßl. Zitronensaft

So wird's gemacht: Die Zutaten gründlich miteinander verquirlen. Die Sauce ist leicht flüssig.

Besonders gut zu: Tunkis.

Variante: Statt saurer Sahne Magerquark nehmen; mit etwas Joghurt abrühren. Dann 1 Prise Zucker nicht vergessen.

Meerrettichsauce

1 Zwiebel • 1 Apfel • 1 Eßl. Öl • ⅛ l Wasser • ⅛ l Milch • 1 Schachtel Helle Soße • 1 Eigelb • 3 Eßl. geriebener frischer oder 3 Teel. getrockneter Meerrettich (Spice Islands) • ½ Teel. Meerrettichsenf • Salz • 1 Prise Zucker • 2 Eßl. steif geschlagene Sahne

So wird's gemacht: Die Zwiebel und den Apfel schälen, fein reiben und im Öl anbraten. Mit dem

Wasser und der Milch aufgießen und das Saucenpulver dazugeben (Gebrauchsanweisung beachten!). Die Sauce mit dem Eigelb verrühren und mit dem Meerrettich und den anderen Gewürzen abschmekken. Die geschlagene Sahne unterheben.

Besonders gut zu: Siedfleischfondue.

Mustard-Relish

2 hartgekochte Eier • 2 Senfgurken • 3 kleine Gewürzgurken • 2 eingelegte Paprikaschoten • 1 Teel. Kapern • 2–3 Eßl. Perlzwiebeln • 1 Flasche Piccalillisauce • grobgemahlener Pfeffer

So wird's gemacht: Die Eier hacken. Die Senfgurken, die Gewürzgurken, die Paprikaschoten, die Kapern und die Perlzwiebeln kleinwürfeln. Unter die fertige Piccalillisauce rühren. Mit Pfeffer würzen.

Besonders gut zu: jeder Fleischfondue, am besten zu den in heißem Öl gebratenen Arten.

Nizza-Sauce

1 Eßl. Tomatenmark • ½ Becher Joghurt • 4 Eßl. Mayonnaise • 2 grüne Paprikaschoten • ½ Teel. getrockneter Estragon • Salz • Pfeffer

So wird's gemacht: Das Tomatenmark mit dem Joghurt und der Mayonnaise verrühren. Die Paprikaschoten von ihren Kernen befreien und fein raspeln. Unter die Sauce heben. Den zerbröselten Estragon dazugeben. Salzen, pfeffern und mindestens 30 Minuten im Kühlschrank stehen lassen.

Besonders gut zu: allen Fettnäpfchenfondues.

Oberländer Dip

100 g Edelpilzkäse • 50 g Doppelrahmfrischkäse • Milch • 1 Eßl. gehackte Walnüsse

So wird's gemacht: Den Edelpilzkäse mit der Gabel fein zerdrücken, den Rahmkäse dazugeben und alles gut mischen. So viel Milch unter Rühren dazugeben, bis eine noch nicht flüssige Creme entsteht. Die gehackten Walnußkerne unterheben.

Besonders gut zu: allen Gemüsefondues und zur Fischstäbchenfondue.

Peparata

50 g Butter oder halb Butter, halb Rindermark • 50 g Semmelbrösel • 25 g geriebener Parmesankäse • klare Fleischsuppe • Salz • reichlich frischgemahlener schwarzer Pfeffer

So wird's gemacht: Das Fett in einer Kasserolle langsam zerlaufen lassen. Die Semmelbrösel und den Käse dazurühren und mit so viel Fleischsuppe verdünnen, daß eine nicht zu dicke Paste entsteht. Mit Salz abschmecken und mit frischgemahlenem Pfeffer schärfen. Die Sauce soll scharf sein und eindeutig nach Pfeffer schmecken. Abgekühlt servieren.

Besonders gut zu: Fleischfondue oder zur Senffondue mit Sülze.

Anmerkung: Auch dieses Quantum ist für 4 Personen berechnet, denn man nimmt nicht so viel davon.

Preiselbeer-Meerrettich-Dip

1 Glas Wildpreiselbeeren (220 g) • 2 Eßl. Zitronensaft • 2 Eßl. frisch geriebener oder 1 kleines Glas tafelfertiger Meerrettich

So wird's gemacht: Alle Zutaten gut miteinander verrühren, von Hand mit dem Löffel, nicht mit dem Handmixer.

Besonders gut zu: Fleisch-, Wild- und Innereienfondues.

Quarkdip

8 Eßl. Quark • 2 frisch gekochte Pellkartoffeln • 1–2 Eßl. Joghurt • Salz • Pfeffer • ½ Teel. Rosenpaprika • 1 Eßl. kleingeschnittener Schnittlauch

So wird's gemacht: Den Quark mit den abgezogenen, fein zerdrückten Kartoffeln mischen, mit Joghurt cremig rühren und mit den anderen Zutaten würzen.

Besonders gut zu: Fleischfondue, gleich ob in Öl gebraten oder in Brühe gekocht, sowie zur Siedfleischfondue.

Roquefortsauce

150 g Roquefortkäse • 8 Eßl. Öl • 4 Eßl. Weinessig • Salz • Pfeffer

So wird's gemacht: Den Käse sorgfältig mit der Gabel zerdrücken und mit dem Öl zu einer Paste verrühren. Mit Essig pikanter machen – nach Geschmack salzen. Mit der Pfeffermühle darübergehen.

Besonders gut zu: allen Arten von Fleischfondue.

Rote-Bete-Sauce

¼ l saure Sahne • 3 Eßl. Rote-Bete-Saft • 1 Teel. Zitronensaft • 1 Prise gemahlener Kümmel • ½ Teel. getrocknete Dillspitzen oder 1 Eßl. gehackter frischer Dill • Pfeffer • Salz

So wird's gemacht: Die Zutaten gründlich miteinander mischen. Gekühlt servieren.

Besonders gut zu: Fleisch-Öl/Fett-Fondues. Schmeckt auch gut zu allen Arten von Heringen und zur Fleischfondue, die in Bouillon gekocht wurde.

Sardellensauce Nummer eins

4 Eßl. Mayonnaise • 4 Eßl. Sahne • 8 Sardellenfilets oder etwa 1 gestrichener Eßl. Sardellenpaste • 2 Eßl. kleingeschnittener Schnittlauch • 1 Teel. Tabasco • 2 Teel. Cognac oder Weinbrand

So wird's gemacht: Die Mayonnaise mit der Sahne verrühren. Die Sardellenfilets kleinschneiden und zu Paste zerdrücken (oder Sardellenpaste aus der Tube nehmen). Mit dem Schnittlauch, dem Tabasco und dem Cognac unter die Sauce rühren.

Besonders gut zu: Fleisch-Öl-Fondues.

Sardellensauce Nummer zwei

2 kleine Tuben Sardellenpaste • Saft von 1 Zitrone oder Limette • ⅛ l Sahne • 1 Prise Zucker

So wird's gemacht: Die Sardellenpaste mit dem Zitronensaft und der Sahne gut vermischen und mit dem Zucker abrunden. In vier ausgehöhlten Zitronenhälften servieren.

Besonders gut zu: Fondue moderne und zur Maritimen Fondue.

Sauce béarnaise

2 Eßl. Weinessig • 1 Teel. feingeschnittene Estragonblätter, frisch oder eingelegt (Maille) • 250 g Holländische Sauce, aus dem Glas oder selbstgemacht (Rezept Seite 106) • Zitronensaft

So wird's gemacht: Den Essig mit dem feingeschnittenen Estragon aufkochen lassen. Die Holländische Sauce erwärmen. Die Essig-Estragon-Mischung darunterrühren. Mit Zitronensaft abschmecken. Warm servieren.

Besonders gut zu: Fischfondue, zu Artischocken- und Spargelfondue.

Senfsauce

1/2 Glas scharfer Senf (75 g) • Saft von 1 Zitrone • 1/2 Glas Öl • 2 Teel. gehackte Petersilie • 12 Kapern

So wird's gemacht: Den Senf mit dem Zitronensaft verrühren, dann langsam das Öl (in Senfglas gemessen) unter Rühren dazugeben. Schließlich die Petersilie und die Kapern unterheben.

Besonders gut zu: Fondue chinoise.

Sherrysauce

1 Schachtel Helle Soße • 1/4 l Wasser • 2 Eßl. Sherry • 4 Eßl. steif geschlagene Sahne

So wird's gemacht: Die Helle Soße mit dem Wasser nach Anweisung auf der Packung zubereiten. Mit dem Sherry abschmecken. Abkühlen lassen. Die geschlagene Sahne unterziehen. Kalt servieren.

Besonders gut zu: Punschfondue, zu Kalbfleischspießchen Bacchus und zur Frikadellenfondue.

Spanischer Dip

4 Oliven • 1 Sardellenfilet • 2 Eßl. kleingehackte eingelegte Paprikaschoten • 4 Eßl. Mayonnaise • 1 Teel. geriebene Zwiebel

So wird's gemacht: Die Oliven und das Sardellenfilet kleinhacken. Die kleingehackten Zutaten unter die Mayonnaise rühren. Mit der geriebenen Zwiebel abschmecken.

Besonders gut zu: Fleisch-Öl/Fett-Fondues.

Steaksauce »schlank«

150 g Quark • 5 Eßl. Milch • 1 Teel. scharfer Senf • 1 Teel. geriebener Meerrettich • 1 Schuß Rum • 1 Prise Salz • Pfeffer • 1 Eßl. bittere Orangenmarmelade

So wird's gemacht: Den Quark mit der Milch schaumig rühren und die übrigen Zutaten so untermischen, daß eine gleichmäßig dicke Sauce entsteht.

Besonders gut zu: Fondue bourguignonne, Siedfleischfondue und zu allen Arten von gegrilltem Fleisch.

Tatarensauce

1 Eigelb • 1 Teel. scharfer Senf • Streuwürze • 1/2 Teel. Zitronensaft • etwa 1/8 l Öl • 2 Zwiebeln • 3 Cornichons • 1 Eßl. Kapern • 1 hartgekochtes Ei

So wird's gemacht: Das Eigelb mit dem Senf und der Streuwürze gut verrühren. Den Zitronensaft dazugeben, dann unter ständigem Rühren Öl dazutropfen, bis die Mayonnaise die gewünschte Dicke erreicht hat. (Oder 1 1/2 Beutel oder 1 Glas Fertig-Mayonnaise nehmen.) Die Zwiebeln und die Cornichons hacken und mit den Kapern unterrühren. Das hartgekochte Ei feinhacken und vorsichtig unterheben.

Besonders gut zu: allen Fondues von der Fleisch-Öl- bis zur chinoise und zur Fischfondue. Sehr gut zur Fischstäbchenfondue.

Teufelssauce warm

2 Zwiebeln • 1 Teel. grobgemahlener Pfeffer • 1/10 l Weinessig • 1/10 l möglichst trockener Weißwein • 1/4 l Bratensauce, aus dem Päckchen zubereitet

So wird's gemacht: Die Zwiebeln feinschneiden. Den Pfeffer und die Zwiebeln mit dem Essig auf ein

Drittel einkochen lassen. Den Weißwein dazugeben und auf die Hälfte einkochen lassen. Die Bratensauce nach Vorschrift zubereiten und mit der durchgesiebten, eingekochten Zwiebelmasse mischen.

Besonders gut zu: Artischockenfondue und Lammfondue.

Teufelssauce kalt

4 Eßl. Tomatenketchup • 3 Eßl. Öl • 1 Zwiebel • 100 g eingelegte Paprikaschoten (etwa 2 Stück) • 1 Eßl. Zitronensaft • Zucker • Salz • 1 Eßl. kleingeschnittener Schnittlauch • 1 Eßl. gehackte Petersilie • einige Spritzer Worcestersauce • einige Spritzer Tabasco

So wird's gemacht: Das Tomatenketchup und das Öl verrühren. Die Zwiebel hacken, die Paprikaschoten feinwürfeln und dazugeben. Mit dem Zitronensaft, Zucker und Salz würzen. Die Kräuter unterrühren. Mit der Worcestersauce und dem Tabasco pikant schärfen.

Besonders gut zu: Fleisch-Öl/Fett-Fondues.

Tomatensauce kalt

500 g Tomaten • 1 Zwiebel • 1 Knoblauchzehe • 1 Lorbeerblatt • 1 Stück Zucker • Salz • Pfeffer • ⅛ l Wasser • ⅛ l Sahne

So wird's gemacht: Die Tomaten kleinschneiden, die Zwiebel und den Knoblauch hacken. Mit den Gewürzen im Wasser 5 Minuten kochen, dann 30 Minuten nur noch ziehen lassen. Durch ein Sieb passieren und auskühlen lassen. Die leicht geschlagene Sahne unterheben.

Besonders gut zu: Kalbfleischfondue und Geflügelfondue, zu Spargel und Artischocken.

Tropical Dip

250 g Mayonnaise • 5 Eßl. Tomatenketchup • 2 Eßl. Hot-Chili-Sauce • 1 Teel. getrockneter Meerrettich (Spice Islands) • Saft von ½ Zitrone • 1 gestrichener Teel. Zucker

So wird's gemacht: Die Zutaten gründlich miteinander verrühren und sorgfältig abschmecken. Soll scharf sein, darf aber durch die Schärfe nicht den Fonduegeschmack zerstören.

Besonders gut zu: Fleisch-Öl-Fondues, zur Senf- und Fleischklößchenfondue, zu den Karibischen Buletten.

Vinaigrette

1 Eßl. feingehackte Petersilie • 2 Cornichons • 1 kleine Zwiebel • 1 Teel. scharfer Senf • ½ Eßl. Kapern • ½ Eßl. winzige Tomatenwürfelchen • 2 Eßl. Weinessig • 1 gestrichener Teel. Streuwürze • ⅛ l Öl • 1 hartgekochtes Ei

So wird's gemacht: Die Petersilie mit den kleingewürfelten Cornichons, der feingehackten Zwiebel, dem Senf, den Kapern und den Tomatenwürfelchen mischen. Den Essig und die Streuwürze dazugeben. Nun das Öl sorgfältig darunterrühren, so daß eine sämige Sauce entsteht. Das Ei ganz klein hacken und darunterheben.

Besonders gut zu: Fondue chinoise und zur Siedfleischfondue, zu Spargel und Artischocken.

Yankeesauce

2 hartgekochte Eier • 1 Eßl. milder Senf • Salz • ⅛ l Öl • Zitronensaft • 1 Eßl. gehackte Cornichons • 2 Eßl. gehackte Perlzwiebelchen • Zukker • 1 Eßl. geriebener Parmesankäse oder anderer scharfer Käse

1972

◁ Die Chrysanthemen sind eher symbolisch und dekorativ, doch der Feuertopf ist ein voller Genuß. Rezept Seite 69

So wird's gemacht: Aus den halbierten Eiern das Eigelb herausnehmen und mit einer Gabel mit dem Senf zu Mus zerdrücken. Salzen und dann unter Rühren nach und nach das Öl dazutropfen. Damit die Sauce nicht gerinnt, ab und zu etwas Zitronensaft dazugeben. Die gehackten Cornichons und die gehackten Perlzwiebelchen zufügen. Mit Salz, Zukker und noch etwas Zitronensaft abschmecken. Den geriebenen Käse untermischen, ebenso das feingehackte Weiß der Eier.

Besonders gut zu: Fischfondues und zur Fondue moderne.

Zitronendip

Zutaten für 4–6 Personen:
½ Flasche Chilisauce · Saft von 2 Zitronen · abgeriebene Schale von 1 Zitrone

So wird's gemacht: Die Chilisauce mit dem Zitronensaft und der abgeriebenen Schale gut verrühren und 30 Minuten in den Kühlschrank stellen.

Besonders gut zu: Fleischfondues und Mixed Grill.

Zwei tolle Dips

Für den ersten Dip: 1 Dose Steinpilze • das gleiche Gewicht an hartgekochten Eiern • Essig • Öl • Petersilie • Salz • grober Java-Pfeffer • schwarze Oliven
Für den zweiten Dip: 1 Glas Mayonnaise • 1–2 Eßl. Sojasauce • 4 feinstgehackte Gewürzgurken

So wird's gemacht: Für Sauce eins die Steinpilze abtropfen lassen und in Stückchen schneiden. Die Eier würfeln und mit den Pilzen mischen. Aus Essig, Öl, etwas Pilzsaft aus der Dose und gehackter Petersilie eine Marinade rühren, mit Salz und Pfeffer würzen und über die Pilz-Ei-Mischung geben. 1 Stunde ziehen lassen. Mit schwarzen Oliven garnieren.

Für die zweite Sauce die Zutaten sorgfältig mischen und sofort servieren. Die Gurken sollen wirklich nur zwischen den Zähnen zu ahnen sein.

Besonders gut zu: Fleischfondues mit gutem Ochsenfleisch.

Zwiebeldip

¼ l saure Sahne • 1 Päckchen Instant-Röstzwiebeln • eventuell etwas Zitronensaft • 1 große süße Zwiebel

So wird's gemacht: Die saure Sahne und die Röstzwiebeln gründlich miteinander verrühren. Sollte die Sahne nicht dick genug sein, mit etwas Zitronensaft ansäuern. Die frische Zwiebel hauchdünn schneiden und daruntermischen.

Besonders gut zu: Fondue bourguignonne und allen anderen Fleischfondues.

Wir sind am Ende angelangt, obwohl wir genausogut noch weitere Saucen und Dips aufschreiben könnten. Es gibt nach vorsichtiger Schätzung etwa 800 oder 1000. Und noch heute abend wird sicher irgendwo, wo man Fondue ißt, ein neuer Dip erfunden. Darauf spekulieren wir auch bei Ihnen. Die Machart haben Sie kennengelernt. Nun nehmen Sie Zutaten und Phantasie und probieren Sie Neues aus – Neues, das manchmal nur in einem Löffel Whisky oder einer zerdrückten Ölsardine besteht. Denn der Clou Ihrer Fondueparty wird der geheimnisvolle, nirgends beschriebene, neue Dip eigener Erfindung sein. Erfinden Sie!

Der Markt der Fertigsaucen

Hier hat sich die Auswahl in den letzten Jahren enorm vergrößert und einige Firmen bieten 5er und 6er Saucen-Sets an. Generell ist dazu zu sagen, daß die Saucen, Relishes und Dips geschmacklich gut ausgewogen sind und in den Geschmacksrichtungen so unterschiedlich viel bieten, daß sich für jeden etwas finden läßt.
Ganz persönlich möchten wir bemerken, daß wir im allgemeinen die angebotenen Quanten von 250 ml- bis 340 ml-Gläsern zu groß finden. Wir servieren gerne jeweils viele verschiedene Saucen zum Dippen, haben dann jedoch nach einem Fondueessen bis zu 12 angebrochene Gläser herumstehen und es bleibt nicht aus, daß einige der Saucenreste schlecht werden. Es lohnt sich daher, selbst Saucen zu bereiten und nur durch Fertigsaucen, Relishes oder Chutneys zu ergänzen.

Unseren Bedürfnissen kommen, wenn wir mal keine Sauce selbst bereiten wollen, folgende Fertigsaucen sehr entgegen:
• Fleischfondue-Saucenset von Fondua (Belgien) mit 6 Saucen à 125 ml:
Andalouse: pikant, spanisch-pfeffrig
Aioli: kräftig mit Knoblauch
Curry: sehr intensiv (für Curryfans)
Cocktail: mit Whisky ausgewogen
Vincent: durch Kräuter pikant
Rougaille: tomatig-würzig.
• Fondue-Set von Lacroix mit 6 Saucen à 100 ml:
Cocktail Sauce
Chili Sauce
Ingwer Sauce
Moutard Sauce
Grill Sauce
Fondue Sauce.
• Auch d & l bietet ein 5er Set mit Schlemmersaucen (pro Glas 250 ml) an, die sich zur Fleisch- und Fischfondue eignen:
Senfsauce à la Bourguignonne
Sauce Beárnaise
Cocktail Sauce in Scotch Whisky
Sauce Tatare
Grüne Pfeffersauce
Diese großen Gläser gibt es auch einzeln zu kaufen, alle 5 Saucen haben eine besonders pikante Geschmacksnote.
• Fondue-Sauce nach Schweizer Rezept (sehr herzhaft aromatisch) finden Sie bei Appel.
• Kraft verfügt über ein großes Sortiment von Saucen, von denen uns besonders zusagen:
Sauce diable (Öl, Eigelb, Tomaten, Paprika und grüner Pfeffer)
Mango Sauce
Exotic Relish und das würzig pikante Fondue Relish.
• Ganz besondere Akzente setzen die Sweet & Sour Sauces von Amoy in den Geschmacksrichtungen
Pineapple (Ananas)
Ginger (Ingwer)
Lychees (Lychees).
• Conimex bietet noch Fonduesaucen im Beutel an:
Ketjap Saté-Sauce (Soja Saté) und
Pinda-Saté-Sauce (Erdnuß-Saté).

Neben diesen meist cremig-dicken Dipsaucen wollen wir aber die dünnflüssigen asiatischen Saucen nicht vergessen, die bei Fondue chinoise, den Feuertöpfen und bei Sukiyaki im Sud verwendet werden sollten. Im übrigen eignen sie sich auch zum Marinieren und Würzen von Fleisch und Fisch.
• Vorab die von uns bevorzugten Sojasaucen:
Ketjap Benteng Manis (gesüßt)
Ketjap Benteng Asin (leicht gesüßt)
beide von Conimex.
• Von Amoy finden wir die chinesischen Sojasaucen in hell und dunkelbraun in allen Läden. Wer sich noch nicht so auskennt, sollte japanische Sojasaucen zunächst sparsam dosieren, denn sie sind am salzigsten und man kann schnell zu viel erwischen.
• Für Sukiyaki ist eine Sauce aus Wasser, Zucker, Sojabohnenkeimen, Weizen und Reiswein als Sukiyaki-Sauce von Kikkoman (Japan, Vertrieb Appel) auf dem Markt, so mild-würzig, daß man sie direkt aus der Flasche oder mit Wasser verdünnt verwenden kann.

Selbstgebackenes zur Fondue

Uns macht Brotbacken Spaß, und wir haben festgestellt, daß es eine freudige Überraschung für die Gäste ist, wenn wir zu einer Fondue selbstgebackenes Brot servieren. Bei Weißbrot gibt es noch einen zusätzlichen Effekt, wenn das Brot ganz frisch gebacken worden ist und die Gäste den Backgeruch schnuppern können, wenn sie sich einfinden.
Auch Sie können zusätzliches Lob ernten, denn die Mühe des Selberbackens macht sich nicht jeder. Und da man mit einer Fondue sonst keine große Küchenarbeit hat, kann man sich den Brot-Back-Luxus auch zeitlich leisten.
Selbstgebackenes Brot eignet sich sowohl vorzüglich zum Auftauchen der Käsefondues – durch etwas mehr Hefe kann man größere Poren bekommen, die dann besser den Käse aufsaugen –, wie auch als Zuspeise zu den Ölfondues – zusätzlich läßt sich ein Brocken Brot im heißen Öl zwischen den Fleischstückchen schnell knusprig braten. Und ganz besonders köstlich schmeckt das selbstgebackene Brot kleingebröckelt und mit den Brüheresten der Fondues chinoises übergossen. Daß man beim eigenen Brot auch die Krustenknusprigkeit beeinflussen kann, wollen wir hier nur am Rande erwähnen. Und je knuspriger die Kruste, um so besser das Brot zur Fondue.
Verlangt eine Fondue durch ihre besonders milde Zusammensetzung nach kontrastreich kräftigem, deftigem Brot, so läßt sich dieses schnell und leicht nach den Anweisungen auf der Packung aus Backmischungen wie Kümmelbrot, Zwiebelbrot, Bauernbrot und Vollkorn-Schrot-Brot von Dr. Oetker herstellen.
Und bitte nicht vergessen: Nur Weißbrot ißt man ganz frisch, jedes andere Brot gewinnt an Konsistenz und Aroma, wenn es mindestens ein bis zwei Tage alt ist. In poröser Plastiktüte gelagert, mögen wir am liebsten alle Arten von Roggenbrot, das schon eine Woche alt ist. Doch das ist natürlich eine ganz persönliche Geschmacksache, und es gibt bestimmt viele Leute, die zum Beispiel die folgenden Sauerteignudeln lauwarm aus dem Ofen mögen.
Und da wir den Backofen schon angeheizt haben: auch ein gekauftes Stangenweißbrot oder Brötchen jeder Art gewinnen an Attraktion, wenn man sie vor dem Servieren bei großer Hitze für wenige Minuten aufröstet und dann erst in Stücke bricht.
Doch hier sind jetzt unsere speziellen Backrezepte.

Rustikale Sauerteignudeln

Die Bezeichnung Nudeln haben sie nur, weil sie wie Rohrnudeln oder Buchteln aneinandergesetzt werden. Sie können sowohl in einer großen Springform als auch in einer gußeisernen Pfanne gebacken werden.

350 g Grahammehl Type 1700 • 1 gestrichener Eßl. Zucker • ½ Päckchen Backpulver • 1 gestrichener Teel. Salz • 200 g Sauerteig (Rezept unten) • 3 Eßl. Schweineschmalz

So wird's gemacht: Das Grahammehl (2 bis 3 Eßlöffel voll zurückbehalten) mit dem Zucker, dem Backpulver und dem Salz in einer Schüssel gut mischen. Dann den selbstbereiteten Sauerteig darunterschlagen. Das Schweineschmalz warm stellen und weich unter den Teig geben. Den Teig abschlagen, bis er sich von der Schüssel löst. Der Teig muß sich mit einem Löffel gut abstechen lassen. Ist er zu dünn, etwas Mehl, ist er zu dick, etwas Wasser zugeben. Die Springform oder die Gußeisenpfanne mit Schweineschmalz ausfetten. Das verbliebene Grahammehl auf eine Arbeitsplatte streuen, vom Teig walnußgroße Stücke abstechen und darin wälzen. Nebeneinander in die Backform setzen. Die Form mit Küchentuch bedecken, etwa 20 Minuten warm gestellt gehen lassen. Den Backofen auf 200 Grad (Gas Stufe 4) vorheizen. Die Form auf die unterste Schiene stellen und die Nudel-Brötchen 30 Minuten backen lassen. In der Gußeisenform brauchen die Nudeln 15 Minuten mehr Backzeit. Stürzen, im Ganzen auftragen, sie lassen sich leicht voneinander abbrechen.

Sauerteig – selbstgemacht

Da man in den Bäckereien kaum noch Sauerteig bekommt, hier ein Rezept für ein kleines Quantum Sauerteigansatz, mit dem wir gewöhnlich arbeiten.

½ Würfel Preßhefe (20 g) • 1 gestrichener Eßl. Zucker • 150 g Mehl • ¼ l Wasser

So wird's gemacht: Die Hefe zerbröckeln, den Zucker und das Mehl zufügen. Mit dem lauwarmen Wasser zu klumpenfreiem, dicklichem Brei rühren. Mindestens 2 Tage bei Zimmertemperatur stehenlassen. Nach 24 Stunden einmal durchrühren. 10 Tage im Kühlschrank haltbar.

Speck-Zwiebel-Rolls

1 Eßl. Butter • 300 g Weizenmehl • ½ Päckchen Trockenhefe • 1 gestrichener Teel. Salz • 1 gestrichener Teel. Zucker • 0,2 l Milch • 2 dicke Zwiebeln • 60 g Speck • 1 Eßl. Öl

So wird's gemacht: Die Butter schmelzen, abkühlen lassen. Das Mehl mit der Trockenhefe, dem Salz und dem Zucker mischen. Langsam die lauwarme Milch unterschlagen und die Butter zufügen. Wenn sich der Teig von der Schüssel löst, auf bemehltem Brett kräftig durchkneten. Zugedeckt in einer ausgemehlten Schüssel gehen lassen, bis er sich verdoppelt hat. Inzwischen die Zwiebeln und den Speck kleinwürfeln und im Öl braun und kroß ausbraten, abkühlen lassen. Den Backofen auf niederste Temperatur einstellen. Den gut aufgegangenen Teig nochmals durchkneten, teilen und die beiden Stücke zu dünnen Rechtecken ausrollen. Den Zwiebelspeck gleichmäßig darauf verteilen. Die Ränder freilassen und die Teigplatten aufrollen. Die Rollen einmal in Mehl umdrehen, dann in etwa 2–3 cm dicke Scheiben schneiden. Dicht nebeneinander (mit der Schnittfläche) in eine ausgefettete Back- und Grillform (32 cm) setzen. In den lauwarmen Backofen auf die Mittelschiene stellen, nach 5 bis 10 Minuten (die Rolls sollen nur wenig aufgehen) auf 200 Grad (Gas Stufe 4) einstellen, dann 30 Minuten backen.

Anmerkung: Faule Köche bereiten keine Speck-Zwiebeln, sondern bestreuen den Teig mit fertigen Röstzwiebeln aus Päckchen oder Dose.

Haferflockenbrot

200 g kernige Haferflocken • 0,1 l Dickmilch • 1 gestrichener Eßl. Zucker • 1 Eßl. Butter • 100 g Weizenmehl • 1 gestrichener Teel. Salz • 1 Päckchen Backpulver

So wird's gemacht: Die Hälfte der Haferflocken über Nacht in der Dickmilch ausquellen lassen. Am anderen Tag die restlichen Haferflocken in der Butter und dem Zucker ganz knusprig braun rösten. Die geweichten Flocken mit dem Mehl, dem Salz und dem Backpulver gut verarbeiten. Den Backofen auf 180 Grad (Gas Stufe 3) vorheizen. Schnell unter den festen Teig die abgekühlten, knusprigen Flocken kneten, auf einem bemehlten Brett zu einem Kreis von 5 cm Dicke ausrollen. Auf ein gefettetes Blech geben, mit einem scharfen Messer wie eine Torte in 8 bis 12 Stücke, etwa 1 cm tief, einschneiden. Auf der Mittelschiene 30–35 Minuten backen lassen. Lauwarm brechen und zum Käsefonduetauchen oder als Zuspeise zur Fondue bourguignonne anbieten.

Knabbeln für Fondue

Noch heute werden sie in Westfalen auf dem Lande in sogenannte »Kümpken« (tiefe Tassen) gebrockt und mit Milchkaffee und Zucker übergossen. Wir haben herausgefunden, daß sie wundervoll zum Auftunken von dünnflüssigen Fondues schmecken. Allerdings braucht man wirklich spitze, kräftige Gabeln dazu.

1 Würfel Preßhefe (40 g) • ½ Eßl. Zucker • ¼ l Milch • 500 g Weizenmehl • ½ Eßl. Salz • 3 Eßl. Butterschmalz

So wird's gemacht: Die Hefe zerbröckeln, den Zukker zugeben und mit einigen Eßlöffeln Milch glattrühren. Das Mehl in eine Schüssel geben, eine Mulde eindrücken und die Hefemilch hineingießen. Mit etwas Mehl überstäuben und gehen lassen. Die restliche Milch mit dem Salz und dem Schmalz lauwarm werden lassen und nach 15 Minuten zum Mehl gießen. Den Teig mit einem Kochlöffel abschlagen, bis er sich vom Schüsselrand löst. Auf bemehltem Brett glatt und glänzend kneten. Zu länglichem Laib formen und in eine Kastenform geben. Etwa 15 Minuten gehen lassen. Dann bei 200 Grad (Gas Stufe 4) 30–35 Minuten backen. Herausnehmen, stürzen und noch ofenwarm in kleine Stücke brechen – nicht schneiden! Auf einem Backblech im noch immer beheizten Ofen goldgelb rösten.

Baguette oder Pariser Weißbrot

Pariser Stangenweißbrot eignet sich ganz besonders gut zum Fondue-Tauchen, da es durch seine dünne lange Form so köstlich viel Kruste hat. Leider gibt es das Originalmehl hierfür bei uns, soviel wir wissen, gar nicht zu kaufen. Aber wir meinen, daß wir einen Ausweg gefunden haben.

400 g Weizenmehl (Type 405) • 2 gestrichene Eßl. Erbspüreepulver • 1 Würfel Preßhefe (40 g) • 1 gestrichener Eßl. Zucker • ¼ l Milch • 1 gestrichener Eßl. Salz • ⅛ l Wasser

So wird's gemacht: Das Mehl mit dem Erbspüreepulver mischen, eine Mulde hineindrücken, die Hefe hineinbröckeln, mit dem Zucker und etwas lauwarmer Milch anrühren und gehen lassen. Den Vorteig unter das Mehl mischen, das Salz, weitere Milch und das ebenfalls lauwarme Wasser dazugeben und den Teig abschlagen, bis er sich von der Schüssel löst. Zugedeckt etwa 30 Minuten gehen lassen. Den Teig zusammenschlagen, halbieren und 2 Stränge von je etwa 50 cm Länge daraus formen. Auf einem gefetteten Backblech zugedeckt nochmals 15 Minuten gehen lassen. Mit einem scharfen Messer einige Male schräg einschneiden. Dann mit kaltem Wasser bestreichen. In den auf 220 Grad (Gas Stufe 4) vorgeheizten Backofen geben. Eine Tasse kochendes Wasser auf den Ofenboden stellen. Den Backofen schließen und die Stangenbrote in 25 Minuten goldbraun backen. Herausnehmen und sofort nochmals mit kaltem Wasser bestreichen.

Blinis Weisham

Die Anregung, Blinis nicht nur aus Buchweizenmehl zu machen, verdanken wir Otto Koch, dem Inhaber und Chefkoch des »Le Gourmet« in München. Was er nimmt und wie er sie macht, verraten wir aber nicht, sondern geben unser Rezept.

1/8 l Milch • 1 gestrichener Eßl. Zucker • 10 g Preßhefe (Würfel) • 1 Eigelb • 125 g Grahammehl (Type 1700) • 1/2 Teel. Salz • 1 Eßl. Butter • eventuell noch etwas Milch • 2 Eiweiße • Butter zum Ausbacken

So wird's gemacht: Die Milch auf etwa 35 Grad (gut lauwarm) erwärmen, den Zucker, die Hefe und das Eigelb darin verrühren. Das Grahammehl und das Salz daraufgeben und schnell unterrühren. Die Butter schmelzen und einrühren. Diesen Teig mindestens 3 Stunden zugfrei stehen lassen, dabei immer mal wieder durchrühren. Ist der Teig sehr dick, dann mit etwas heißer Milch auf Eierkuchenteigdicke verdünnen. Die Eiweiße steif schlagen, unterziehen. In der Pfanne in Butter kleine Blinis (Pfannkuchen) backen: pro Blini 1 Teelöffel Teig in die Pfanne geben, etwas flachstreichen und wenden, sowie sich die Ränder etwas kräuseln. Können von lauwarm bis heiß serviert werden. Zum Tauchen in die Fondue klappt man je 1 Blini zusammen und spießt es auf die Gabel.

Besonders gut zu: Roquefortfondue.

Schnelles Gewürzbrot

ist ein »Selbstgebackenes« aus einer Backmischung, die Kruste verspricht und gibt.

1 Packung Kümmelbrot • 1/4 l lauwarmes Wasser • je 1 Teel. Anis und Fenchel • etwas Salz

So wird's gemacht: Den Teig nach Vorschrift auf der Packung zubereiten. Anis und Fenchel im Mörser zermahlen oder mit der Messerklinge zerdrücken und mit Salz unter den Teig schlagen. Den Teig zu einem länglichen Laib formen, auf ein gefettetes Backblech legen und wieder etwa 15 Minuten an einem warmen Ort gehen lassen. Den Backofen auf 200 Grad (Gas Stufe 4) einstellen. Die obere Seite des Brotlaibs viermal 1 cm tief schräg einschneiden (nicht drücken!) und mit Wasser bestreichen. Im Backofen auf der Mittelschiene 40–50 Minuten backen lassen.

Besonders gut zu: würzigen, nicht zu milden Käsefondues, zu Siedfleischfondue und Fondues mit Innereien.

Beilagen hausgemacht

Zusammen mit dem Grundrezept für Fondue bourguignonne haben wir aufgezählt, was man alles zu dem in Fett Gebratenen oder in Bouillon Gegarten servieren kann, von den Dips und Saucen, die ihr eigenes Kapitel haben, einmal abgesehen. Die Regel lautete, es sollte immer etwas Scharfes, etwas Süßsaures, etwas Frisches, etwas Mildes und etwas Knackiges auf dem Tisch stehen. Das gibt es von der Industrie in Supermärkten und Lebensmittelgeschäften in großer Auswahl.
Doch nicht jeder möchte sich damit begnügen, nur ein Glas oder eine Dose zu kaufen und sie aufzumachen. Für die leidenschaftlichen Selbermacher haben wir hier einige Beilagen aufgeschrieben, die unalltäglich sind. Sie brauchen zum Teil ein gutes Quantum Zeit, um sie zuzubereiten, wie zum Beispiel das Aprikosenchutney. Es ist dafür aber besonders köstlich und man kann es in dieser Art nirgends fertig kaufen. Auch die Zitronen- oder Limetten-Pickles sind eine ausgefallene Spezialität, es gibt nichts annähernd Vergleichbares auf dem Fertig-Pickles-Markt. Dagegen ist eine Beilage wie die »Zwiebeln zum Tauchen« ganz schnell zubereitet.
Wir haben diese Rezepte unter vielen ausgesucht und zusammengestellt, weil sie in unserer Praxis immer den größten Anklang gefunden haben.
Wer mit den Beilagen zu den Brat- und Siedfondues noch weitere Akzente setzen will, der kann einen einfachen Salat dazu servieren (bitte Extrateller aufdecken). Das kann ein grüner Salat mit einer Essig-Öl-Kräuter-Sauce sein, ein Feldsalat mit Crème fraîche, ein Chicoréesalat mit Orangenschnitzen und einfacher Joghurtsauce, ein Tomatensalat mit hauchdünnen Zwiebelringen und nur mit Olivenöl betropft und mit Salz und Lemonpepper gewürzt, ein Gurkensalat mit Zitronensaft, Öl und etwas Sauerrahm. Diese im Geschmack eindeutigen und frischen Salate (immer nur einen einzigen zu einer Fondue servieren) geben einen angenehmen Kontrast zu den gebratenen Fleischscheiben, den im Sud gesottenen Fischstücken oder zum Beispiel zur Kalbsherzfondue.
Dieses als zusätzlichen Vorschlag, wenn Sie Ihr Fondue-Essen noch abwechslungsreicher gestalten wollen oder genug von allzuvielen Dips, Perlzwiebelchen oder eingelegten Paprikaschoten haben.

Aprikosenchutney

500 g Dörraprikosen • ½ l Wasser • ¼ l heller Weinessig • Zucker nach Gewicht • 1 gestrichener Teel. Lemonpepper • 50 g gehackte Mandeln • 1 Eßl. Butter • 2 cl Aprikosengeist

So wird's gemacht: Die Dörraprikosen über Nacht einweichen, abgießen. Die Früchte durch den Fleischwolf (grobe Scheibe) drehen. Das Fruchtfleisch mit dem Weinessig und eventuell etwas Weichwasser verdünnen. Abwiegen und mit 100 g weniger Zucker, als das Mus hat, mischen. Den Lemonpepper zufügen. Unter Rühren dick einkochen lassen. Inzwischen die Mandeln in heißer Butter frisch aufrösten. Vor Ende der Garzeit den Aprikosengeist und die Mandeln in das Chutney rühren, heiß abfüllen und sofort verschließen.

Nützlicher Hinweis: Nicht vergessen, die bei der Lammfondue Syrian Style übriggebliebenen Aprikosen so zu verarbeiten.

Ananas-Pickles

50 g getrocknete oder 150 g frische Datteln • 3 Ringe Ananas (Dose) • 2 gestrichene Eßl. Zukker • 4 Eßl. Essig • 2 Eßl. Ananassaft aus der Dose • Salz • südamerikanische Chiligewürze

So wird's gemacht: Die Datteln entkernen und feinhacken. Getrocknete Datteln einige Stunden in 4 Eßlöffeln Wasser weichen lassen. Die Ananasringe in feine dünne Segmente schneiden. Die frischen Datteln oder die Datteln mit dem Einweichwasser mit dem Zucker, dem Essig und dem Ananassaft mischen, salzen und Chilipulver zufügen. Etwa 10 Minuten unter ständigem Rühren sanft kochen, dann die Ananasstückchen einrühren und weitere 5 Minuten kochen lassen. Heiß in gut verschließbare Gläschen abfüllen oder erkaltet servieren.

Besonders gut zu: Fleischfondues, auch zu Fondues mit asiatischem Einschlag.

Zitronen-Pickles

für Leutchen, die ganz Scharfes lieben.

6–8 Limetten oder Zitronen • 1 gestrichener Eßl. Salz • rote und grüne Chilischoten nach Gewicht • ¼ l Weinessig

So wird's gemacht: Die Limetten unter fließendem heißem Wasser bürsten, abtrocknen, der Länge nach in 6 Segmente schneiden und gut salzen. Im Backofen bei 50 Grad und leicht geöffneter Türe mindestens 1 oder 2 Nächte dörren lassen. Untertags an trockenem Ort warm stehen lassen. Die gedörrten Schnitze wiegen und ¼ des Gewichtes an Chilischoten ganz fein hacken – am besten mit dem Wiegemesser. Mit den Limetten mischen. In ein Glas oder einen Steintopf geben, den Essig zufügen und warm gestellt gären lassen. Eventuell Schaum abnehmen und überflüssigen Essig abgießen.

Unser Tip: In kleinen Gläsern mit Vakuum-Verschluß kühlgestellt einige Wochen haltbar.

Süß-saure Perlzwiebeln

Sind den Lesern unseres Buches »Alles hausgemacht« schon bekannt, bleiben aber eine echte Überraschung für Ihre Gäste, denn gewöhnlich schmecken sie überall gleich.

6 Gläser Perlzwiebeln (je 370 ml) • 3 Nelken • 1 Lorbeerblatt • 1 Stückchen Ingwer • ¾ l heller Weinessig • 3 gestrichene Eßl. Zucker • 2 Päckchen Vanillinzucker

So wird's gemacht: Die Perlzwiebeln abgießen, Gläser und Deckel auswaschen. Die Gewürze grob zerstoßen, in einem Mullbeutel im Essig mit dem Zukker 10 Minuten mitkochen lassen. Die Zwiebelchen wieder in die Gläser füllen, mit dem heißen Essigsud übergießen und sofort verschließen.

Eingelegte Zitronen

Die so präparierten Zitronen schmecken zu allen Fleisch- und Fischfondues in Öl oder Pflanzenfett, wozu man auch Senffrüchte und Mixed Pickles ißt.

6 Zitronen (ungespritzt) • 20 Nelken • 10 Korianderkörner • Olivenöl

So wird's gemacht: Die ganzen Zitronen gut abwischen und mit den Nelken und dem Koriander in ein gut verschließbares Glasgefäß legen. Mit Olivenöl bedecken, verschließen und 6 Monate lang stehen lassen, ohne zu öffnen und ohne zu schütteln. Dann kann man so viel Zitronen entnehmen, wie man gerade braucht und die anderen weiter aufbewahren. Sie müssen nur mit Öl bedeckt sein.

Marinierte Cocktailtomaten

400 g feste Cocktailtomaten • 1 Bund Petersilie • 1 Stange Bleichsellerie • 3 Stengel frische Minze • 1 kleine Zwiebel • 1 Knoblauchzehe • 10 grüne Pfefferbeeren (Dose) • 3 Eßl. Essig • 4 Eßl. Öl • Salz • Tabasco

So wird's gemacht: Von den Tomaten die Blüte so ausschneiden, daß man das Fruchtmark herausdrükken oder -holen kann. Die Kräuter und Gemüse einschließlich der Knoblauchzehe grob zerkleinern und in den Mixer geben. Dann die Pfefferbeeren, den Essig und das Öl zufügen und das Ganze pürieren. Mit Salz und Tabasco abschmecken. In die ausgehöhlten Tomaten füllen und mindestens 24 Stunden marinieren lassen.

Sambal – selbstgemacht

30 g Cornichons • 1 kleine Zwiebel • 2 kleine scharfe Peperoni (Glas) • 1 Knoblauchzehe • 10 grüne Pfefferbeeren (Dose) • 1 reife Banane • 2 Eßl. Zitronensaft • 2–3 Eßl. Öl • Salz • Zucker

So wird's gemacht: Alle Zutaten von den Cornichons bis zur Banane ganz fein hacken und mischen. Den Zitronensaft und das Öl darunterrühren. Mit Salz und Zucker abschmecken. Sehr gut durchkühlen. Noch am selben Tag zum Dippen anbieten.

Zwiebeln zum Tauchen

Bereitet man natürlich nur für Öl- oder Pflanzenfett-Fondues am selben Tag vor.

4 möglichst große Zwiebeln • ½ l Milch • 100 g Mehl • Salz • Pfeffer

So wird's gemacht: Die Zwiebeln in Ringe schneiden. Mit der Milch übergießen und darin mindestens 2–3 Stunden stehenlassen. Abgießen, mit Küchenkrepp abtupfen, dann im gewürzten Mehl wenden, gut abklopfen, in Portionsschalen anrichten.

Besonders gut zu: allen Fondues mit Fleisch und/ oder Gemüsen.

Kartoffelstifte zum Tauchen

1 kg festkochende große Kartoffeln • 1 l Öl

So wird's gemacht: Die Kartoffeln schälen, erst in etwa 1 cm dicke Scheiben, dann in 1 cm breite Stifte schneiden. Mit Küchenkrepp trockentupfen. Portionsweise in etwa 2 Minuten im siedenden Öl lichtgelb backen. Gut abtropfen lassen und auf einer dicken Lage Küchenkrepp erkalten lassen. In einer großen Schüssel zu Fettfondues stellen. Jeder brät sich seine Stifte, dann dürfen sie gesalzen, papriziert oder in eine scharfe Sauce gestippt werden.

Fischbällchen

500 g Kabeljau-, Seelachs- oder Rotbarschfilet • 2 Eiweiße • ¼ l Sahne • Salz • Pfeffer

So wird's gemacht: Die Fischfilets durch den Fleischwolf (feine Scheibe) drehen. Die Eiweiße steif schlagen und darunterziehen. Dann die Sahne eßlöffelweise daruntergeben. Den Fischteig mit Salz und Pfeffer würzig abschmecken. Kleine Bällchen daraus formen, nebeneinander in einen großen flachen Topf legen und mit so viel kochendem Salzwasser übergießen, daß sie gut bedeckt sind. Zugedeckt bei schwacher Hitze 10 Minuten mehr ziehen als kochen lassen. Mit Schaumlöffel herausnehmen und kalt oder auch noch lauwarm servieren.

Besonders gut zu: allen Arten von Fischfondue chinoise.

Reismehlpfannküchlein

Dieses Quantum genügt zum Beispiel für unsere koreanische Rindfleischfondue Puegogi (Rezept Seite 77).

150 g Reismehl • 2 gestrichene Eßl. Weizenmehl • ½ Teel. Safran • ½–¾ l Wasser • 3–4 Eßl. Öl

So wird's gemacht: Die Mehlsorten mischen, den Safran zufügen und mit ½ l Wasser einen glatten Teig bereiten. Eventuell gleich oder erst, wenn der Teig mindestens 1 Stunde geruht hat, mit weiterem Wasser zu einem normalflüssigen Pfannkuchenteig abrühren. Aus jeweils 2 Eßlöffeln Teig einen kleinen, dünnen Reispfannkuchen in wenig heißem Öl ausbacken. Vorsicht, dieser eierlose Teig bäckt sehr leicht an, doch dürfen die Pfannküchlein nicht braun werden.

Anmerkung: Statt aus Reismehl, das nicht überall zu bekommen ist, lassen sich die Pfannküchlein auch aus Reis bereiten:
100 g Naturreis • ½ l Wasser • eventuell 2 gestrichene Eßl. Weizenmehl • ½ Teel. Safran

So wird's gemacht: Den Naturreis über Nacht im Wasser weichen lassen. Anderentags den Safran zufügen und alles im Mixer pürieren. Sollte der Teig zu dick sein, etwas Wasser nachgeben. Sollte er zu dünn sein, mit etwas Reisteig 1–2 Eßlöffel Weizenmehl glattrühren, diese Mischung zur übrigen Teigmasse in den Mixer geben und ihn noch einmal laufen lassen. Der so zubereitete Teig muß während der Backzeit immer wieder durchgerührt werden, da er leicht absetzt.

Knoblauchbrot

Pariser Stangenbrot (siehe auch Rezept Seite 119) • 3 Knoblauchzehen • Salz • 100 g Butter

So wird's gemacht: Das Stangenbrot in Scheiben schneiden; es wird nach dem Bestreichen wieder zusammengesetzt. Die Knoblauchzehen mit etwas Salz zerquetschen und mit der weichen Butter gut verrühren. Diese Knoblauchbutter auf die Brotscheiben streichen. Das Brot zusammensetzen, fest in Alufolie wickeln und 25 Minuten im auf 200 Grad vorgeheizten Ofen backen. Das warme Knoblauchbrot zur Fleischfondue servieren.

Getränke zur Fondue

Bei den Rezepten haben wir geschrieben, daß der Wein in der Käsefondue um so besser ist, je mehr Säure er besitzt. Und da wir auf dem Standpunkt stehen, daß es immer gut ist, zu einem Gericht möglichst den gleichen Wein zu trinken, den man in dem Gericht verwendet hat, sind trockene, säurereiche Weine zur Fondue besonders gut geeignet.

Da die Fondue aus der Schweiz stammt und mit Schweizer Weinen erfunden wurde, schlagen wir Ihnen zur *Käsefondue* als beste Fondueweine Schweizer Weine vor. Viele Weißweine der Schweiz zeichnen sich durch eine spritzige Eleganz aus, durch frische Fruchtigkeit, verbunden mit angenehm wenig Süße. Allerdings ist es nicht leicht, außerhalb der Schweiz diese Weine zu bekommen (die Schweizer trinken sie am liebsten selbst) und sie sind keineswegs preiswert. Gute Einkaufsadressen sind die verschiedenen Mövenpick-Restaurants mit den ihnen angeschlossenen Weinkellereien.

Hier sind einige Weinvorschläge: die leichten Fendants (Traubensorte) aus Monthey und Evouette, die schwereren Fendants und Johannisberger (ebenfalls Traubensorte) von Siders, Sitten, Fully und Martigny. Alle Neuenburger-, Genfersee-, Bielersee- und Thunersee-Weine. Von Neuenburg und Bielersee stammen die sogenannten Sternweine, deren natürliche Kohlensäure beim Einschenken auf der Oberfläche ein hauchzartes sternenartiges Gebilde formt. Es sind Weine von besonders perlender Frische, die man dadurch erhält, daß man diese Weine auch zur Fondue mit 8 Grad serviert. Hier ist die Flaschenkühlung wichtig, denn die natürliche Kohlensäure wird bei Erwärmung, das heißt beim Ausschenken ins Glas (Temperaturerhöhung um etwa 2 Grad) frei. Es nützt also nichts, einmal warm gewordenen Sternwein wieder abzukühlen, er wird schlaff schmecken. Die anderen Weißweine wie die Fendants, die erdig-würzigen Yvornes oder kerniger Aigle dürfen, zur Fondue serviert, 11 Grad haben.

Nun ist es nicht unbedingt erforderlich, daß ein Fonduewein ein Spitzenwein sein muß. Der Käsegeschmack ist so beherrschend, daß die Feinheiten großer Weine nicht zur Geltung kommen.

Wir empfehlen aus Frankreich deshalb saubere Vins de Pays, die man sich nach dem Geschmack aussucht. Gute Einkaufsmöglichkeiten (man kann probieren)

bieten die Jacques-Weindepots. Hier weisen wir auf den weißen Bergerac hin. Aus dem Elsaß paßt sehr gut ein Edelzwicker, von der Loire der Muscadet de Sèvre et Maine oder ein weißer Mâcon.
Von deutschen Weinen schlagen wir einen kräftigen, säurebetonten Rheingauer Riesling vor oder einen trockenen Traminer oder Silvaner aus Franken oder Baden. Ein Gutedel oder eine Scheurebe darf auch halbtrocken sein, besonders wenn die Fondue vorwiegend aus altem, gut gereiftem Hartkäse besteht. Das ergibt harmonische Geschmacksverbindungen.
Weißweine empfehlen wir auch zu den *Brühenfondues,* wenn man in ihnen Fische oder Geflügel kocht. Hier sind neben den schon genannten Weinen auch halbtrockene, bukettreiche Geschmacksrichtungen angebracht. Man darf auch in die bessere Abteilung der weißen Burgunder oder der deutschen Auslesen greifen, wenn die dazu gereichten Saucen nicht zu kräftig oder scharf sind. Edle Weine reicht man zu zarten Fondues, je schärfer die Saucen, um so eher wird man Bier servieren.
Den Übergang zu den *Fleischfondues,* ob in Fett gebraten oder in Brühe gekocht, kann man elegant mit Rosé (Frankreich und Spanien), Weißherbst (Deutschland), Schilcher (Steiermark), Schiller (Württemberg) oder Oeuil de perdrix (Schweiz) lösen. Hier ist es eine persönliche Geschmacksfrage, ob die Rosés trocken oder lieblich gewählt werden.
Ideale Rotweine zu den Fleischfondues sind leichte, fruchtige Weine, die man jung und kühl trinkt. So stammt unser Favorit aus dem Beaujolais und ist (beim Beaujolais sind die Qualitätsunterschiede enorm groß) ein Beaujolais Villages der Abfüllung Georges Duboeuf, möglichst immer vom Jahr zuvor. Wir trinken ihn mit 12 Grad. Empfehlenswert auch ein St. Magdalener aus Südtirol oder ein Bardolino Classico aus der Gegend von Verona, ein noch junger Rioja aus Spanien oder ein Côtes du Rhone. Aus Deutschland paßt ein trockener Württemberger Trollinger oder ein Ingelheimer Sonnenberg Spätburgunder, wenn die gereichten Saucen milde sind.
Bei scharfen, starkwürzigen Saucen empfiehlt sich zu Fleisch- und auch Fischfondues Bier.
Ein alter Aberglaube, der durch die Fonduebücher geistert, besagt, daß man zu Käsefondue kein Bier trinken darf, schlimme Beschwerden seien die Folgen. Wir haben das Gegenteil erprobt und glauben, daß die Kaum-Biertrinker in der Schweiz gar nicht erst auf den Gedanken kamen, Bier zur Fondue zu trinken. Wie gesagt, wir haben es mit Guinness Extra Stout probiert und für gut gefunden. Bier verträgt sich auch gut mit dem »Coup du milieu«. Bei den anderen Fondues ist Bier gar kein Problem, sondern oft die bessere Lösung. Ein herbes Pils setzt sich nun mal gegenüber Currysauce, Ketchup und Cornichons besser durch als ein Wein.
Die besten Fonduebiere sind Pilsener, und zwar die der großen Pilsbrauereien Bitburg, Fürstenberg, Jever, König, Krombach, Veltlins und Warstein. Uns schmeckt auch ein Altbier dazu oder aber das kräftige Guinness Extra Stout.

Anmerkung: Zu allen Fondues kann man Apfelwein trinken: er ist so herb, daß er sich sogar gegen kräftige Saucen durchsetzt. Serviert man Cidre, sollte man nur die trockenen nehmen. Aber auch sie sind fast zu mild.

Der Markt der Fonduegeräte

Fonduefans mit viel Platz und natürlich auch Geld können sich die verschiedensten Ausstattungen kaufen, denn das Angebot an Rechauds, Töpfen, Tellern und Accessoires ist so groß, daß man jede Fondue auf andere Art servieren kann. Das hat aber den Vorteil, daß auch jeder Geschmack befriedigt wird: von rustikal bis elegant, von verschnörkelt bis sachlich ist alles vorhanden.

Am Anfang ist das Rechaud

Das ist der Herd auf dem gedeckten Tisch, ohne den man keine Fondue essen kann.

Die kleinste Feuerstelle ist die Kerze: entweder vom Butterwärmer, vom Speisewärmer oder aus dem Teestövchen. Mit einer Kerze reicht die Feuerstelle jedoch nur für Schokoladefondues aus, für die es auch ein Spezialset aus Keramik gibt. Seine Anschaffung lohnt sich nur, wenn man häufiger Schoko-Fondues ißt – sonst kann leicht mit Stövchen und feuerfesten Schüsselchen improvisiert werden. Speisewärmer mit zwei Kerzen eignen sich wie Warmhalteplatten für Fondues, die bei Tisch nicht mehr kochen sollen.

Richtige Hitze jedoch bekommen Sie mit dem Spiritusbrenner. Bei diesem heute fast nur noch dochtlosen Sicherheitsbrenner wird der Spiritus auf unbrennbare Glaswolle gegossen; die Flamme geht durch ein Sieb und wird durch Luftzufuhr geregelt. Es gibt diese Brenner in verschiedenen Materialien von Blech bis Kupfer und Edelstahl. Sie genügen für Käse- oder Fleischfondue, wobei man die Käsemasse, das Öl oder die sonstige Kochflüssigkeit immer erst auf dem Küchenherd zum Kochen bringen muß.

Die Firma Spring hat ganz neu einen Fonduebrenner herausgebracht, der mit Firestar-Brennpaste beheizt wird, stufenlos regulierbar ist und außerdem einen isolierten Griff hat. Sehr vorteilhaft, denn die nicht isolierten Griffe der meisten Brenner sind schnell so heiß, daß man sie nicht flott regulieren oder entfernen kann.

Den Brenner kauft man am besten mit dem passenden Oberteil zusammen, die dann das Rechaud (Kochstelle) ergeben. Hier ist die Auswahl riesengroß: von einfachem Stahlblech oder Aluminium bis zu sachlichem Edelstahl, von Kupfer und Schmiedeeisen und schwerem rustikalem Gußeisen bis zu rein Kupfer. Man sollte keine zu leichten Qualitäten nehmen. Da die Preise ständig schwanken, können wir hier keine Angaben machen, aber unter 30 bis 50 Mark sind Sie nicht dabei. Jeder kann das Richtige finden. Besorgen Sie sich Kataloge von Christian Wagner, Spring, Le Creuset, Schulte-Ufer, WMF, Silit (OMF), Sigg, Stöckli, Dansk Designs Ltd. (in Rosenthal-Studiohäusern), Le Rôtisseur (Oeslauer), Beka, Asta, Elbinger und Melior. In den Angeboten dieser Firmen finden Sie auch alles über Fonduetöpfe, sonstige Accessoires und Raclette-Einrichtungen.

Die besten Brenner, auf denen man richtig bei Tisch kochen und deren Hitze man haargenau dosieren kann, sind mit Gas beheizt. Diese Erfahrungen haben wir mit dem Gasbrenner von Kisag und dem Aero Flame von Sigg gemacht. Die Brenndauer einer Butangasfüllung beträgt bei großer Flamme 1 gute Stunde, bei mittlerer Flamme bis zu 3, bei kleiner Flamme bis zu 9 Stunden. Auf großer Flamme bringt man Öl und Brühe zum Sieden, auf mittlerer Flamme hält man sie am Köcheln oder man kann schmoren (Sukiyaki), auf kleiner Flamme hält man warm. Die Brenner kosten mit Rechaud von 80 bis 270 Mark. Gasbrenner dürfen aus Sicherheitsgründen nur mit dem Rechaud zusammen verkauft werden. Vorteil: Butangas verbrennt völlig geruchlos und sauber.

Ein Caquelon für die Käsefondue

Mit dem Kauf des Topfes fängt die Spezialisierung an. Wählt man einen Caquelon aus glasiertem Ton oder aus Keramik, kann man ihn zur Käsefondue benutzen. Die Fondue-Puristen schwören darauf, daß er außen rauh und innen glasiert sein muß, so wie ihn früher – als Käsefondue noch keine große Mode war – die Hausierer aus dem Schweizer Jura brachten. Der Verschleiß an diesen Töpfen ist groß, so daß sich ihr billiger Anschaffungspreis dann doch nicht auszahlt. Außerdem muß man die Fondue zuerst in einem normalen Topf kochen und dann zum Essen am Tisch in den Caquelon umfüllen und das kann den Käse zu Gummi machen.

Auch bei den beidseitig glasierten Töpfen bilden sich bald feine Haarrisse. Das ist jedoch nicht schlimm, wenn man nur darauf achtet, daß der Caquelon nicht längere Zeit mit Wasser gefüllt stehen bleibt. Dann nämlich saugt sich der Ton mit Wasser voll und kann beim nächsten Erhitzen womöglich zerspringen.

Keine Angst vor Keramik

Aus den USA kam vor Jahren die Kunde zu uns, daß Keramikgeschirr bleihaltig sei und uns vergiften könne. Der Verein der keramischen Industrie hat dazu ausdrücklich festgestellt, daß in der Bundesrepublik Deutschland fabrikmäßig hergestelltes Keramikgeschirr frei von gesundheitsschädlichen Bleibeigaben ist. Man braucht also keine Angst zu haben, weiterhin Fondue in Keramikgeschirren zuzubereiten, noch von Tellern aus Keramik saure Salate oder Saucen zur Fleischfondue zu essen.

Zur Vorsicht möchten wir jedoch raten bei Keramiktöpfen, -schüsseln, -schälchen oder -tellern, die Sie als Souvenir aus südlichen Ländern mitbringen. Da dort die Gesetze nicht so streng sind, sind Bleibeigaben möglich. Für ganz Ängstliche: Es gibt Käsefondue-Caquelons aus emailliertem Aluminium oder emailliertem Gußeisen.

Wer sich noch nicht festlegen möchte

Für einen feuerfesten Caquelon müssen Sie mindestens 30 Mark auf den Tisch legen. Sollten Sie aber zuerst einmal ausprobieren wollen, ob Sie häufiger Käsefondue oder Fleischfondue essen, dann empfehlen wir Ihnen, es zunächst mit einem feuerfesten Topf zu versuchen, den Sie auch in der Alltagsküche verwenden können. Es sollte ein Topf sein, der dann auch auf dem Rechaud hübsch aussieht.

Wenn Sie Ölfondues ausprobieren wollen, bevor Sie sich mit einem Spezialtopf festlegen, müssen Sie zu emailliertem Gußeisen oder emailliertem Stahl greifen. Käsefondue können Sie auch in emaillierten Töpfen bereiten: Durch die schnelle, am Boden sehr starke Erhitzung setzt die Käsemasse aber leicht an.

Töpfe für alle Fondues

Richtige Caquelons mit einem dicken Stielgriff aus Gußeisen oder Holz, außen farbig und innen weiß emailliert, lassen sich für alle Arten von Fondue benutzen. Es gibt sie in urschweizerischer Form, abgewandelt zum Topf, und in modernem Design. Will man sich spezialisieren, bieten sich die Fleischfonduetöpfe aus Kupfer oder Edelstahl an. Die Kupfertöpfe sind entweder aus Reinkupfer, innen verzinnt, versilbert oder außen aus Kupfer und innen aus Edelstahl oder Chromnickelstahl. Diese Geräte leiten die Hitze vorzüglich, sind säurefest und bilden keinen Grünspan. Sie halten ein ganzes Fondueleben lang.

Ein Deckel empfiehlt sich auf jeden Fall: Man kann ihn auflegen, wenn das Öl einmal spritzt oder wenn die Temperatur der Fondueflüssigkeit durch zu häufiges Eintauchen gesunken ist. Mit Deckel erhitzt sie sich schneller wieder.

Gut bewährt haben sich die Deckel des Mahasi-Set und des Gourmet-Set von Spring. Hier ist der Rand ganz eingezogen, so daß kein Fett herausspritzen kann. Außerdem fungiert der Deckel als Gabelhalter. Man hängt die Gabeln so ein, daß sie nicht den Boden des Topfes berühren (und deshalb bei Ölfondue das Fleisch nicht anbacken lassen). Man kann gemütlich plaudern, während das Fleisch von selbst brät.

Es gibt auch einen Kragen mit Gabelhalterung aus Stahl von der Firma Mebus, der auf alle üblichen Fonduegeräte paßt. Außerdem haben manche Gabeln oberhalb der Zinken kleine Häkchen, mit denen man sie an den Topfrand hängen kann.

Beachten Sie beim Kauf eines Fonduetopfes, den Sie speziell für Ölfondues benützen wollen, daß der Rand eingebogen ist. So werden Ölspritzer am besten davon abgehalten, Ihre Gäste zu verbrennen. Bouillon- und Käsefondues spritzen nicht.

Wollen Sie sich nach der Lektüre dieses Buches neu eindecken, dann schauen Sie sich doch fix-fertige Fondue-Sets an, wie die Serie Le Rôtisseur von Goebel (Oeslauer Manufaktur), Le Creuset aus Frankreich, von Beka oder einen von den jeweiligen Händlern zusammengestellten Set.

Was sonst noch zu einer zünftigen Fondue gehört

Die Gabeln für die Käsefondue haben lange Stiele und 3 Zinken. Üblicherweise sind die Griffe mit einem Farbpunkt markiert, damit man sich besser auskennt und die im Caquelon stehenden Gabeln (man muß sie nicht pausenlos in der Hand halten) nicht verwechselt. Der Käsefondue-Esser braucht nur eine Gabel, der Fleischfondue-Esser zwei (Gabeln in heißes Öl getaucht, können einem ganz schön den Mund verbrennen).

Man kann zur Fleischfondue ohne weiteres die Käsefondue-Gabeln nehmen, Original-Fleischfondue-Gabeln haben nur zwei Zinken, die mit kleinen Widerhaken versehen sind, damit man das Fleisch nicht im Topf verliert.
An Fleischspießchen aus Holz kann man sich den Mund nicht verbrennen, allerdings werden sie schnell unansehnlich.
Die zweite, die Tellergabel, kann natürlich eine normale Eßbesteckgabel sein.
Perfektionisten oder Fonduefans haben Spezialteller. Zur Käsefondue in der Farbe des Caquelons oder mit rustikalen Sprüchen, zur Fleischfondue mit Unterteilung für verschiedene Saucen und Salate, oder auch den Partyteller von *Römertopf* mit angebauten Saucenschälchen. Auch Holzteller sind beliebt, doch nehmen sie leicht die Farben der Saucen an, vor allem von Curry und Senf.
Wer keine solchen Teller hat, kann natürlich auch Fondue servieren: Ein rustikaler Teller tut (fast) die gleichen Dienste. Holzbrettchen für Fleisch, Brot und ähnliches sind sowieso obligatorisch.
Wichtig sind – außer bei der Käsefondue – viele Schälchen für viele Saucen: sie werden von den bisher genannten Firmen in den gleichen Farben oder aus gleichem Material wie das Fonduegerät oder wie die Fondueteller angeboten. Für die Ordentlichen gibt es Tabletts mit einer Anzahl gleich großer Glas- oder Porzellanschälchen. Wer es noch bequemer haben will, benutzt ein Fonduekarussell, bei dem der Fonduetopf auf einer Holzplatte in der Mitte steht und sich die Glasschälchen auf einer zweiten Holzplatte um den Topf herum drehen lassen. Ähnliches Prinzip: der Fondue-Butler, bei dem sechs Saucenschälchen sich in Haltern um den Topf befinden und ebenfalls drehbar sind.
Ob man Lätzchen verteilt, ist eine Frage der Fröhlichkeit und des Stils. So stark spritzen Ölfondues im allgemeinen nicht, daß man sich mit einem Latz vor Spritzern schützen müßte.
Beim Kauf von Pfeffermühlen sollte man auf folgende Punkte achten:

- Sich vergewissern, ob man das Mahlwerk von fein bis grob verstellen kann. Das ist für den Gebrauch wichtig.
- Darauf achten, daß die Mühle einfach zu füllen ist. Es gibt Mühlen mit einem so kleinen Loch, daß man die Pfefferkörner fast einzeln hineingeben muß – ein schreckliches Geduldsspiel.
- Probieren, ob man die Mühle leicht drehen kann. Meist sind die Arten, die in sich gedreht werden, leichter zu handhaben als die Arten, die mit Hebel mahlen.
- Die Mühle darf nicht so klein sein, daß sie in einer Männerhand verschwindet, und nicht so groß, daß man mit ihr eventuell den Fonduetopf umstoßen könnte.
- Mühlen aus Kunststoff sind nicht empfehlenswert, sie werden mit der Zeit leicht schmuddelig. Modelle aus Glas sind nicht immer zu empfehlen, man sieht zwar, wieviel noch drin ist, aber manchmal ist das Mahlwerk nicht gut.

Elektrofondue – sauber und sicher

Wem die Romantik gleichgültig ist und wer auf die Flamme keinen großen Wert legt, für den sind die Elektrofonduegeräte genau richtig (Siemens, Rowenta). Mit thermostatischen Wärmereglern ausgestattet, macht man bei 70 Grad Schokoladenfondue, bei 85 Grad Käsefondue, bei 100 Grad Brühenfondue und bei 180 Grad Öl-Fett-Fondue. Beim Einkauf darauf achten, daß sich Topf und Heizteil trennen lassen: das Reinigen ist dann völlig problemlos. Außerdem läßt sich der Heizteil alleine bei niedriger Thermostateinstellung gut als Wärmeplatte verwenden.
Und noch ein Hinweis: Das Gerät sollte unbedingt einen Kabelhalter haben, damit es nicht in fröhlicher Runde plötzlich vom Tisch gezogen werden kann.

Namen, die Geräte machen

BEKA (Braun & Kemmler): Emaillierte Töpfe (mit Holzstiel) für Käse und Fleisch, Spiritusbrenner, relativ leicht, ganze Sets.
Cousances: Caquelon in emailliertem Gußeisen, verschiedene gußeiserne Fonduetöpfe, kräftige Farben, schweres, rustikales Rechaud, Teaktablett, Gabeln, Grillomat.
Le Creuset: Caquelon aus emailliertem Gußeisen, verschiedene gußeiserne Töpfe in kräftigen Farben, schweres Rechaud mit Spiritusbrenner, Teaktablett, Gabeln, Fleischteller, Hibachi-Tischgrill.
Dansk Designs Ltd.: Fonduetopf emailliert, mit Holzgriff, dazu passendes Spiritusrechaud, moderne

Form, einfarbig, Butterwärmer, für Schokoladenfondue geeignet, Ganzstahlgabeln, deren Griff trotzdem kühl bleibt.
Digsmed: Verschiedene Fonduetöpfe und -brenner, in schwarz Gußeisen roh besonders modern, auch breite Form für Bouillonfondue, dazu passende Brenner, Fonduekarussell in Teak und Glas, verschiedene Saucen- und Salatschälchen, Bretter.
Drexler: Verschiedene Fonduetöpfe und -brenner.
Prinz: Verschiedene Fonduetöpfe und relativ leichte Brenner.
Le Rôtisseur (Oeslauer Manufaktur): Kompletter Fonduesatz mit allen Beiwerken.
Rowenta: Elektrofondue, Topf und Heizplatte getrennt.
Sigg: Caquelon aus emailliertem Aluminium mit Teflonbelag, Rechauds aller Formen, auch mit Aeroflame-Gasbrenner, Stahl- und Kupfertöpfe, Fondue-Butler mit drehbaren Saucenschälchen, Fondueteller und Schüsseln, Gabeln, Raclonette, ein Gerät mit Brenner und 4 Pfännchen für Raclette (Bild Seite 37).
Silit (OMF): Emaillierte Fonduetöpfe mit Dekor, Brenner, Gourmetpfännchen, passende Schüsselchen.
Spring: Alle Fonduetöpfe, besonders in Kupfer und Chromnickelstahl, Gourmet-Pot für Bouillonfondue in Kupfer (Culinox) und Chromnickelstahl mit Doppelbrenner und Schöpfer, verschiedene Brenner, Fondueteller, Brotschalen, Saucenschälchen. Schokoladenfondue, eingezogener Rand für Ölfondue, damit Öl nicht spritzen kann, Deckel dient als Gabelhalter, Gabeln, Tischpfännchen mit Rechauds. Brenner mit Firestar-Brennpaste (Bilder Seite 65 und 66).
Stöckli: Fleischfondue-Töpfe in Kupfer, Rechauds (Spiritus) in Kupfer plus Schmiedeeisen, Gasbrenner in moderner Form, Pot-au-feu für Bouillonfondue mit 2 Brennern.
SUS: Fonduetöpfe und Brenner, Fondue-Set, der in Kugelform zusammengepackt werden kann (Platzersparnis), Topf ist mit Kragen zum Gabeleinhängen ausgestattet, Saucentöpfchen, Gabeln (Bild Seite 76).
Christian Wagner: Umfangreiches Programm von Keramik-Caquelons bis zu Kupfertöpfen, verschiedene Brenner, auch ein Gasbrenner, alles andere Zubehör wie Teller, Schälchen, Gabeln, Holzspießchen, Kaffee-Fondue (Bild Seite 47).
WMF: Das Programm umfaßt Fondue-Garnituren mit Cromargan-Töpfen oder Töpfen aus Stahl-Email mit verschiedenen Dekoren von rustikal bis modern und entsprechendes Zubehör.
Japanischer Steingrill: durch Kleeberg Bonsai-Import, Holmer Str. 61, 2000 Wedel (Bild Seite 96).
Feuerfestes Geschirr aus den Programmen: Schott und Söhne Jenaer; Pyroflam; Thomas flammfest; Arzberg Form 3000; »Arabia Liekki flammfest« Rosenthal Programm plus Dekor 80 000.

Besonders gute Fondue-Ideen

. . . für sehr nette Freunde:
Glarner Fondue 21
Kaaspott aus Gouda 24
Bolsfondue 25
Fondue Hermitage 30
Lammfondue Syrian Style 45
Fondue Asia 46
Hirsch im Öltopf 49
Kalifornische Shrimpfondue 52
Tempura 53
Gourmetfondue 58
Hammelleberfondue Berliner Art 60
Fischfondue Theodor 63
Feuertopf auf Weishamer Art 68
Sukiyaki auf meine Art 74
Bagna caôda Nummer eins 84
Pfannenfondue 89
Whisky-Schokoladen-Fondue 94

. . . für ein Fest im Garten:
Gomser Fondue 21
Rustikale oder Bauernfondue 22
Mainzer oder Handkäsfondue 24
Bierfondue 26
Dillfondue 30
Zwiebelfondue 33
Spanische Fondue 34
Fondue bourguignonne 42
Karibische Buletten 44
Queso macha 45
Fischfondue deutsche Art 55
Fischfondue Ulrich Klever 64
Siedfleischfondue 70
Vietnamesischer Essigtopf 79
Okaribayaki 87
Lamchi and Boonchi 91
Coffee Westindia 101

. . . für eine große Runde:
(für Käsefondue bitte Seite 12 beachten)
Neuenburger Fondue 15
Genfer Fondue Nummer eins 20
Tessiner Fonduta 21
Pink-Fondue 26
Parmentier-Fondue 34
Raclette 40
Frikadellenfondue 44
Huhn auf koreanische Art 46
Mongolischer Feuertopf Nummer eins 68
Zehnerlei-Eintopf 70
Russische Fondue 71
Süß-saure Schweinefondue 81
Früchtefondue für Herb-Esser 99

. . . für Leute, die ganz Feines lieben:
Fondue au Champagne 26
Fonduta all'Albese con tartufi 26
Fonduta nach Art des Hotels Danieli 29
Fondue à la Périgueux 29
Fondue à la Périgueux en Grand Gala 29
Rehrückenfondue 49
Fondue aux fruits de mer Strausak 52
Gemischte Fleischfondue auf orientalische Art 59
Seafood-Fondue à la Chalet Suisse 63
Feuertopf mit Chrysanthemenblüten 69
Vietnamesischer Feuertopf 78
Bagna caôda Nummer zwei 84
Spargelfondue 88
Royal-Mokkafondue 97

. . . für kleine und große Kinder:
Freiburger Fondue 16
Pussyfoot-Fondue 16
Buttermilchfondue 25
Bananenfondue 34
Blumenkohlröschenfondue 55
Suppenkasparfondue 71
Toblerone-Fondue 94
Minz-Schokoladen-Fondue 97
Marshmallowfondue 98
Käpt'n-Nuß-Fondue 98
Früchtefondue für Süßmäuler 99

. . . für eilige Köche:
Tessiner Fondue 22
Junggesellen- oder Campingfondue 23
Scheiblettenfondue 24
Mexikanische Fondue – kalt serviert 36
Würstchenfondue 51
Fischstäbchenfondue 51
Fondue Ranchero 83
Klevers Tunkis 87
Hühnerspießchen – Sate Ajam 91
Eisfondue 100

Register

Kursiv gesetzte Seitenzahlen verweisen auf Farbbilder.

Register

Register

Register

Register

Kochbücher »wie noch nie«.

Hier sind die millionenfach bewährten und berühmten »wie noch nie« Bildkochbücher. Mit kulinarisch-köstlichen und zugleich praktischen Bildrezepten.

Einfach ansehen, auswählen, nachkochen oder nachbacken…

Backvergnügen wie noch nie
Das große GU Backbuch mit Christian Teubners und Annette Wolters besten Back-Ideen: Von Großmutters Napfkuchen und großer Torten-Nostalgie, klassisch-raffinierter Weihnachtsbäckerei bis zu den beliebten Obstkuchen. Von rustikalen Brotlaiben, Brezen und Schmalzgebäck bis zu verführerischen Pizza-Variationen…
Über 300 brillante Farbfotos machen das Backen leicht und vergnüglich.

Kalte Küche – köstlich wie noch nie
Unglaublich schöne Farbfotos mit köstlichen Rezepten für Bunte Happen, Kalte Platten, delikate Brote und pikante Brotaufstriche, für appetitlich gefüllte Gemüse und Früchte und abwechslungsreiche Fleisch- und Käseplatten, für Delikatessen aus dem Meer, Party-Gebäck und Feinschmecker-Pasteten, für leichte und raffinierte Salate, kleine und große Buffets, für Pikantes zu Bier und Wein…
Über 300 brillante Farbfotos zum Schwelgen!

Kochvergnügen wie noch nie
Das große GU Bildkochbuch. Mit den besten Koch-Ideen von Christian Teubner und Annette Wolter für deftige Suppen, köstliche Vorspeisen, einfache und raffinierte Hauptgerichte und himmlische Desserts. Ob rustikal, gediegen oder festlich – was Sie auch auswählen, gelingt und schmeckt fabelhaft.
Über 300 brillante Farbfotos beantworten Ihre tägliche Frage »was koche ich heute?«

GU Gräfe und Unzer